Inspiration!

100 Ideen zum Wohnen mit
Farben, Stoffen und Tapeten

ELIZABETH WILHIDE

Callwey

Inspiration!

100 Ideen zum Wohnen mit Farben, Stoffen und Tapeten

Die Originalausgabe erschien 2006 unter dem Titel *New Decor* bei Quadrille Publishing Ltd, Alhambra House, 27–31 Charing Cross Road GB-London WC2H 0LS

© Quadrille Publishing Ltd 2006

© 2006 der deutschen Ausgabe Verlag Georg D. W. Callwey GmbH & Co. KG, Streitfeldstraße 35 D-81673 München www.callwey.de E-Mail: buch@callwey.de

Die Deutsche Bibliothek verzeichnet diese Publikation in der Deutschen Nationalbibliografie; detaillierte bibliografische Daten sind im Internet über <http://dnb.ddb.de> abrufbar.

ISBN 10: 3-7667-1686-7
ISBN 13: 978-3-7667-1686-6

Das Werk einschließlich aller seiner Teile ist urheberrechtlich geschützt. Jede Verwertung außerhalb der engen Grenzen des Urheberrechtsgesetzes ist ohne Zustimmung des Verlages unzulässig und strafbar. Das gilt insbesondere für Vervielfältigungen, Übersetzungen, Mikroverfilmungen und die Einspeicherung und Verarbeitung in elektronischen Systemen.

Umschlaggestaltung: add cooperation, Schmid/Beisenherz Mediendesign, München
Foto Schutzumschlag:
Lisbett Wedendahl/House of Pictures
Fotos Rückseite: Dan Duchars/Red Cover, Ray Main/Mainstream Images (Designer: Missoni)
Foto Buchrücken: mit freundlicher Genehmigung Cloth UK

Übersetzung aus dem Englischen: Beatrix Gehlhoff, Hamburg
Redaktion und Satz der deutschen Ausgabe: Delius Producing München

Printed in China 2006

Inhalt

Einleitung: Die neue Wohnkultur 6

Lebendige Farben: Erfrischungskur für Ihr Zuhause 12

Farbe nutzen 16

Farbflächen 30

Bunte Muster 34

Farbe mit Durchblick 40

Farbiges Licht 46

Farben von heute 52

Druckfrisch: Das Revival der Tapete 56

Tapetenmuster 60

Dynamik 68

Blickfänger 72

Flächendeckend 76

Fototapete 80

Stoffsammlung: Textiler Mustermix für jedes Interieur 82

Stoffmuster 86

Mut zum Mix 94

Kuschelzone 98

Schlafzimmer 104

Fenster 108

Fußboden 112

Stilikonen: Akzente mit Charakter 116

Beleuchtung 120

Sammlerstücke 126

Details 132

Die Praxis: Tipps, um selber Hand anzulegen 140

Arbeitsplanung 142

Den Untergrund vorbereiten 143

Wände und Decken streichen 144

Tapezieren 145

Stoff und Innendekoration 146

Fußböden 148

Beleuchtung 150

Adressen 153

Register 158

Einleitung

Die Tapete ist wieder da, der Kronleuchter feiert sein Comeback und Weißwaren sind schon lange nicht mehr weiß. Eine neue Generation von Interior Designern hat wieder Verve und Vitalität ins Wohnen gebracht: Mit lebhaften Farben, frechen Mustern, dekorativen Details und einer Grandezza, die wir jahrelang vermisst haben. Vorbei die Zeit des Minimalismus, jetzt sind Lebensfreude, Sinnlichkeit und Witz wieder erlaubt.

Ohne Nostalgie nimmt die neue Wohnkultur Anleihen bei der Vergangenheit und steht zugleich mit beiden Beinen im Hier und Jetzt: Mit einer aktuellen Bildsprache, mit innovativen Materialien und Technologien sind traditionelle Formen wieder up to date – ein Barockstuhl aus Acrylglas, ein Kronleuchter mit Leuchtdioden, eine Toile-de-Jouy-Tapete mit modernen Stadtansichten. Auch andersherum funktioniert die Symbiose von Klassik und Moderne: Ein moderner Sessel mit traditionell gemustertem Polsterstoff oder eine hypermoderne Lampeninstallation in einem Raum mit Retro-Tapete – in der Innovation drückt sich die Persönlichkeit aus, die neuen Interieurs sind trendig und individuell zugleich.

Ornament ist kein Verbrechen mehr. Eine dekorative Geste in einem geradlinigen modernen Interieur gilt nicht als Stilbruch und auch nicht als Kaschieren einer Unsicherheit. Im Gegenteil: Hier wird eine starke Haltung unterstrichen, Charakter gezeigt und nicht zuletzt schlichtweg Lebensfreude zelebriert.

Verfechter der klassischen Moderne kritisieren Stilformen, die stärker auf Dekoration setzen. Sie kanzeln sie oft als bloße Modeerscheinung ab. Aber Einrichtungstrends und Mode waren schon immer eng verknüpft – sie sind es heute mehr denn je. Immer häufiger entwerfen große Modeschöpfer Couture für Wände und nicht für den Laufsteg. Umgekehrt greifen sie auch Anregungen aus der Einrichtungs-

EINLEITUNG

branche auf: So übernahm der britische Fashiondesigner Paul Smith einen Paisley-Druck aus den 50ern, der kürzlich vom Tapetenhersteller Cole & Son neu aufgelegt wurde, in seine aktuelle Herrenkollektion. Warum sollen wir uns schließlich in unserer Wohnung nicht genauso wohl fühlen wie in unseren Kleidern? Warum soll sie nicht ein wenig glamourös und charmant sein und zugleich von ihren Bewohnern erzählen?

Für manchen folgt auf die belebende Inspiration eine harte Landung in der Realität: Wie lassen sich solche Ideen in einer Wohnung umsetzen, die auch im Alltag funktionieren soll? Ein Schlüsselelement der neuen Wohnkultur ist der Mix. Ein Standard-Schrankmodul kombiniert mit einer neuen Front aus High-Tech-Material und einem Vintage-Accessoire kann absolut einzigartig wirken und trotzdem durchaus praktisch sein. Diese selbstbewusste Mischung macht das Interieur mit Seele aus – eine Küche mit Einbauelementen von der Stange, dazu romantische Kaffeehaus-Stühle und ein Fußboden aus solidem Hartholz. Oder ein Schlafzimmer mit einem antiken französischen Bettgestell als Rahmen für ein Feuerwerk gemusterter Bettwäsche – und das alles vor schlichten weißen Wänden. Die frische Kombination der Zutaten schafft ein Zusammenspiel von Vordergrund und Hintergrund, das jede Einrichtung aufleben lässt. Wer würde da noch ernsthaft behaupten, weniger sei mehr?

EINLEITUNG

Lebendige Farben

Mit Farbe fängt alles an. Farbe swingt, Farbe ist sexy, sie hebt die Laune und ist Balsam für die Seele. Wie sind wir nur so lange ohne sie ausgekommen?

In den letzten Jahrzehnten definierte sich ein zeitgemäßer Einrichtungsstil hauptsächlich über den Faktor Zurückhaltung: Jungfräulich weiße Wände, helle Holzböden und eine Farbpalette mit der berauschenden Spannweite von Blassgelb bis Creme. Wohnungen wirkten so minimalistisch wie Galerien ohne Kunst, und Farbe bewegte sich auf unsicherem Terrain – wie ein falsch gekleideter Partygast.

Doch die Zeiten sind vorbei. Die Farbe ist wieder da, in allen Tönen und Schattierungen und mit Mut eingesetzt. Farbe ist einfach das wirkungsvollste aller Deko-Elemente. Außerdem hat sie an Raffinesse gewonnen. Kräftige Farben

LEBENDIGE FARBEN

treten wieder selbstbewusst auf: Aubergine, Kirsche, Aquamarin, Senfgelb und Blutorange. Mit den Grundfarben aus dem Farbkasten haben sie nichts mehr zu tun. Sanfte Farben wie Flieder, blasses Zitronengelb, frisches Pink wirken stimmungsvoll und retro und sind einfach witziger als die mädchenhaften Pastellfarben der 80er. Die aktuellen Farbpaletten lassen sich von aller Welt inspirieren – sie sind so unbeschwert wie die Mode.

Farbe bedeutet Vertrauen. Erwachsen sein und dennoch verspielt. Sie spricht das innere Kind an, das ohne stilbewusstes Vorurteil zum poppig bunten Spielzeug greift statt zum schlichten Naturholzteil. Nehmen Sie also die Farbkarte zur Hand und gönnen Sie Ihren vier Wänden Fülle und Tiefe, Verve und Vitalität.

LEBENDIGE FARBEN

Farbe
nutzen

Manche Leute sind schon mit einem unfehlbaren Gespür für Farbe geboren; wir anderen müssen ein bisschen daran arbeiten. Überlegen Sie zuerst ganz einfach, zu welchen Farbtönen Sie sich hingezogen fühlen. Ein Blick auf die meist eher zufällige Farbenansammlung im Kleiderschrank kann schon viel über Ihre Lieblingsfarben aussagen. Umgeben Sie sich mit angenehmen Farben – sie sind das reinste Lebenselixir.

Akzent oder Hintergrund

Bei der farblichen Gestaltung gibt es zwei Haupt-Strategien: Setzen Sie Akzente oder lassen Sie Farbe als Hintergrund wirken. Bewusst gesetzte Farbeffekte ziehen den Blick auf sich, dezent aber großflächig eingesetzte Farbe schafft eine Grundstimmung.

Akzente können Sie setzen, indem Sie einen einzelnen Farbton besonders hervorheben. Oder verteilen Sie verschiedene Farben im ganzen Raum, zum Beispiel mit bunten Kissenbezügen oder dekorativen Objekten. In jedem Fall braucht die Akzentfarbe viel Platz, um sich zu entfalten.

Mit einer Hintergrundfarbe schaffen Sie Atmosphäre. Überlegen Sie genau, welche Stimmung sie einem Raum geben wollen und welche Mittel Sie dafür einsetzen können. Kühle Farben wie Blau, Blaugrau und Violett wirken beruhigend und lassen das Zimmer geräumiger wirken. Aber sie brauchen viel natürliches Licht, sonst wird der Raum zu frostig. Warme Farben wie Rot und Orange sind anregend und fesseln den Blick. Solche leuchtenden Farben haben viel Energie, darum ist diese Entscheidung auch eine Typfrage.

LEBENDIGE FARBEN

LEBENDIGE FARBEN

Farbkombinationen

Einen Zusammenklang harmonierender Farben herzustellen ist meist schwieriger, als mit ein paar ausgewählten Farben Akzente zu setzen. Eine Stütze können dabei die Komplementärfarben sein, also jene Farben, die sich im Farbkreis genau gegenüberliegen: Blau und Orange, Rot und Grün, Gelb und Violett.

Gegensätze ziehen sich an: Kombinieren Sie die Komplementärfarben in unterschiedlichen Gewichtungen und Schattierungen. Mit Weiß oder Schwarz erzielen Sie außerdem eine Reihe harmonisch abgestufter Farbtöne. Der hellste kann den Hintergrund bestimmen, zum Beispiel an den Wänden, der dunkelste oder intensivste eignet sich für Details und Schwerpunkte. Spielen Sie mit Maßstab und Proportion – zwei starke Farben können ohne weiteres nebeneinander stehen, wenn die eine großflächig eingesetzt wird und die andere auf Leisten, Rahmen oder ähnliche Deko-Elemente beschränkt bleibt.

Lassen Sie sich von einem gemusterten Stoff oder Teppich, Ihrem Lieblingsbild oder einem Kleidungsstück inspirieren – fertige Farbpaletten finden sich überall wie von selbst. Oder sammeln Sie Farben und Farbarrangements, die Ihnen gefallen, in Form von Probestücken, Stoffmustern und Ausschnitten aus Wohnzeitschriften. So kommen Sie schnell auf neue Einrichtungsideen.

Naturfarben

❧ Grün kommt groß raus. Ob es nun am anhaltenden Retro-Trend liegt oder ob sich unser antrainiertes Umweltbewusstsein auch an den Wänden niederschlägt – Grüntöne sind entschieden angesagt. Vergessen Sie das einschläfernde Waldgrün und das giftige Gelbgrün, das einem Tränen in die Augen treibt.

Diese zarten, differenzierten Grüntöne hier erinnern an den erfrischenden Anblick der ersten jungen Blätter im Frühling – mit einer Prise orientalischer Eleganz und Raffinesse.

❧ Grün ist wie eine Ruhepause. Weil die Farbe mit den Lichtwellen in der Mitte des sichtbaren Spektrums korrespondiert, müssen sich unsere Augen bei der Wahrnehmung von Grün nicht anstrengen.

❧ Setzen Sie strohgelbe Akzente auf eine graugrüne Wand. Grünschattierungen bekommen Halt durch das warme Dunkelbraun. Oberflächen aus Naturmaterialien, zum Beispiel Rattan oder Holzdielen, harmonieren ebenso mit Grün wie Textilien im aktuellen Blattmuster.

❧ Die Naturpalette passt zu sonnigen, luftigen Räumen. Vorsicht bei kräftigen Grüntönen an den Wänden: Sie können schnell aggressiv wirken.

LEBENDIGE FARBEN

Leuchteffekte

✻ Mit leuchtenden, ausdrucksstarken Farben holen Sie schlagartig gute Laune ins Haus. Diese Farbtöne – Blaugrün, Orangerot, Himmelblau und Sonnengelb – bringen die ganze Lebenslust und Energie eines lateinamerikanischen Karnevals mit. Die Mischfarben sind bewusst jeweils zwischen zwei klaren Farben angesiedelt. So verändert sich ihre Leuchtkraft mit den Lichtverhältnissen, und sie passen gut zueinander.

✻ Für eine kräftige Wirkung setzen Sie leuchtende Farbflächen nebeneinander.

✻ Diese Farben müssen sich entfalten können, sonst wirken sie erschlagend. Möbel, Kissen und Teppiche, die mit knalligen Farben auftrumpfen, brauchen einen Ausgleich, zum Beispiel Böden oder Wände in neutralen Tönen.

LEBENDIGE FARBEN

Warmes Flair

✿ Dunkle, gebrochene Farben wie Aubergine, Schiefer und Mahagoni schaffen einen wohligen, tiefen Hintergrund mit starkem Retro-Feeling. Lassen Sie sich für diesen Stil auch von angesagten Clubs oder einer schicken Cocktailbar inspirieren.

✿ Schwere Brokatstoffe oder glänzend lackierte Stücke verströmen einen Hauch von Barock. Mattschwarze Wände können sehr opulent wirken, jedenfalls wenn sie vollkommen glatt sind.

✿ Dunkle Materialien wie Schiefer, Granit oder dunkel gebeizte Dielen verleihen dieser Mischung Charakter.

✿ Setzen Sie den dunklen Farben auch schlichtere, hellere Bereiche entgegen. Sonst fühlen Sie sich bald wie in einer Höhle.

LEBENDIGE FARBEN

Metallglanz

✳ Metallische Flächen haben einen magischen Glanz. Changierend zwischen Farbe und Textur, besteht ihr Reiz in dem lebendigen Schimmer, der den Flächen einen starken Auftritt verschafft. Gold und Silber, richtig eingesetzt, haben einen faszinierenden Charme.

✳ Es muss nicht der hochkarätige Wandbelag sein: Von allen Edelmetallen gibt es qualitätsvolle Imitationen in Form von Lacken oder Folien zur Möbel- oder Wanddekoration – und sie sind absolut erschwinglich. Für zusätzlichen Glamour sorgt ein hochglänzend lackierter Boden.

✳ Akzentuieren Sie die Metallic-Palette mit ausdrucksstarken Farben, also kräftigem Rot oder leuchtendem Gelb. Die Kombination mit Mattschwarz ergibt einen markanten ästhetischen Kontrast. Dazu passen blanke Metallobjekte oder abgetöntes Weiß, große Rahmenspiegel und natürlich Spiegelmosaik.

LEBENDIGE FARBEN

Blattgold und -silber

Alles, was Sie zum Vergolden oder Versilbern von Wand und Decke brauchen, bekommen Sie im Fachhandel für Künstlerbedarf. Blattgold mit Feingehalt, Blattsilber oder Gold-Imitat wird in Heften mit Bättern von knapp 10 cm² angeboten.

1 Am besten werden die Wände zunächst tapeziert und einmal gestrichen. Rot ist die traditionelle Untergrundfarbe für Gold, aber auch Braun oder Schwarz ergeben schöne Effekte.

2 Wenn die Farbe trocken ist, tragen Sie eine dünne Schicht Leim auf einen Teil der Fläche auf.

3 Legen Sie das Blattgold oder -silber vorsichtig an. Für die Feinarbeit nehmen Sie einen festen Pinsel oder ein Vergolderkissen.

4 Wenn die ganze Wand mit Folie bedeckt ist, reiben Sie sie sanft mit einem Tuch ab und bringen evtl. einen Schutzüberzug auf. Kleine Fehlstellen lassen den Untergrund durchschimmern.

Metallic-Farbe

❋ Auch eine Idee für den Metallic-Look: Streichen Sie Metallteile und Heizkörper mit speziellen Metalllacken, die beim Trocknen eine strukturierte Oberfläche ergeben.

❋ Verwenden Sie für Metallic-Wandfarben Spezialrollen, die einen gepunzten Effekt erzeugen.

❋ Autolack können Sie für umfunktionierte Metallaktenschränke und ähnliche Objekte verwenden. Arbeiten Sie im Freien und tragen Sie einen Mundschutz, damit Sie keine schädlichen Dämpfe einatmen.

Farbflächen

Der wirkungsvollste Trick für ein schnelles Lifting der Wohnräume: Streichen Sie eine Wand in einem frischen Farbton. Das ist der perfekte Kompromiss zwischen Farbakzent und farbigem Hintergrund, und es verbindet die Vorteile von beiden. Es wirkt nicht so dominant wie ein komplett farbig gestrichener Raum, aber viel lebendiger als eine Dekoration nur mit bunten Accessoires.

Besonders gut passt eine solche Wand in moderne Räume ohne markante architektonische Details. In Lofts oder Funktionsräumen mit offenem Grundriss können verschiedene Farbflächen bestimmte Aktivitätsbereiche definieren, etwa den Essplatz oder die Küche. Farbe ist immer ein Blickfang – umso besser, wenn sie auch noch eine Funktion hat.

Aber auch Details wie die Kaminfassung, die Innenwände eines Erkers oder eine Nische sind sehr effektvoll als Farbfläche zu gestalten. Oder man beschränkt sich damit auf den Flur. So entsteht ein leuchtendes Band, das die verschiedenen Teile der Wohnung verknüpft.

Farbe wählen

Der Handel bietet eine riesige Auswahl an Farben, das Spektrum droht jede Entscheidungskraft im Keim zu ersticken. Bei näherer Betrachtung zeigt sich jedoch, dass die scheinbar unbegrenzten Varianten sich letztlich vor allem in den Tonwerten unterscheiden. Es sind hellere oder dunklere Schattierungen derselben Grundfarbe.

Bevor Sie Farbe einkaufen, wappnen Sie sich mit einer kleinen Sammlung von Farbbeispielen, die Ihnen gefallen. Sollten Sie die gewünschte Nuance nicht finden, können Sie sich Ihre Lieblingsfarben im Fachhandel exakt mischen lassen. Inzwischen hat sogar das Pantone-Farbsystem Einzug ins Interior Design gehalten.

Herkömmliche gedruckte Farbkarten sind nicht verbindlich. Welche Farbqualität Sie letztlich erhalten, hängt vom Preis ab. Es sind die Pigmente, die der Farbe Tiefe und Leuchtkraft verleihen, und dies sind die teuersten Inhaltsstoffe. Also: Je teurer die Farbe, desto größer die Wahrscheinlichkeit, dass Sie einen wirklich satten und leuchtenden Anstrich erzielen.

Probierdöschen

Testen Sie Farben immer dort, wo sie auch verwendet werden sollen. Viele Farben entfalten sich erst nach dem Trocknen; an der Wand erscheinen sie viel kräftiger als in der Dose. Kaufen Sie zunächst eine Probe und streichen Sie einen kleinen Wandabschnitt. Nur so bekommen Sie den authentischen Farbeindruck. Lassen Sie die Farbfläche eine Weile auf sich wirken und beobachten Sie, wie sie auf unterschiedliche Lichtverhältnisse reagiert. Wenn Sie sich noch nicht entschieden haben, welche Wand Sie farbig haben wollen, malen Sie die Farbe auf ein Stück Raufasertapete und hängen es zur Probe an verschiedenen Wänden auf.

Oberflächenbehandlung

Farben zur Oberflächenbehandlung reichen von matt über seidenmatt bis hochglänzend. Außerdem gibt es besonders strapazierfähige Fußbodenfarbe. Beton kann man ohne Versiegelung streichen, Holzböden sollten immer erst geschliffen und grundiert werden.

Vinyl, Linoleum, Fliesen, Kautschuk und Teppich sind wunderbare Materialien, um Farbe als durchgehende Bodenfläche einzusetzen und verschiedene Bereiche zu verbinden. Hier gilt die gleiche Strategie wie beim Anstrich: Besorgen Sie sich erst ein Muster und testen Sie es eine Zeitlang, bevor Sie sich in Ausgaben stürzen. Bodenbelag ist teurer als Farbe, eine Erneuerung aufwändig. Da ist es besonders ärgerlich, wenn Sie zu spät feststellen, dass die Farbe nicht passt.

LEBENDIGE FARBEN

Bunte Muster

Die neuen Farbmuster bedeuten eine völlige Abkehr von den Farbeffekten, die vor 20 Jahren angesagt waren. Damals waren überall wolkige, marmorierte Oberflächen in Wisch-, Schwamm- oder Stupftechnik zu sehen. Heute setzt man auf klare, oft geometrische Effekte. Sie passen gut zu den strengen Linien des modernen Einrichtungsstils. Opulenteres Mobiliar dagegen braucht eher einen zurückhaltenden Hintergrund.

Wie Farbflächen, so verlangen bunte Muster mit frechen Punkten, Streifen, Rechtecken oder ähnlichen Formen einen absolut glatten Untergrund. Eine solche Wanddekoration verträgt keine Unebenheiten.

Übrigens gibt es für diese Effekte ja nicht nur die Wand: Geometrische Motive verleihen allen möglichen Einrichtungsteilen, vom Küchentresen über die Rollos bis zum Paravent, einen lebendigen, grafischen Touch.

LEBENDIGE FARBEN

Streifen

❋ Streifen geben die Richtung vor. Ganz von selbst leiten sie den Blick nach oben oder zur Seite. So können sie optisch Proportionen ausgleichen, etwa so, wie ein Streifenpullover die Figur betonen kann. Senkrechte Streifen lassen einen Raum höher erscheinen, waagerechte senken die Decke optisch ab und wirken ruhiger.

❋ Streifen brauchen nicht gerade zu verlaufen, wichtig sind aber saubere, scharfe Kanten. Wellenbänder sind retro und darum perfekt für Interieurs im Stil der 60er- oder 70er-Jahre.

❋ Die Streifen müssen auch nicht gleich breit sein. Im Gegenteil, gerade die gewollte Unregelmäßigkeit gibt dem Design den letzten Schliff.

❋ Anregungen für schöne Farbkombinationen können Sie sich bei klassischen Webstoffen holen. Oder wählen Sie Schattierungen, die mit den Farben Ihrer Möbel, der Wände und des Bodenbelags harmonieren.

❋ Die neuen Streifendesigns in Laminat oder Melamin sind perfekt als Arbeitsoberfläche und für den passenden Spritzschutz geeignet.

37

So malen Sie ein Streifenmuster

Wie alle geometrischen Muster müssen Streifen akkurat ausgeführt werden – verwackelte, zaghafte Linien oder ungleichmäßiger Farbauftrag zerstören die Wirkung. Sie brauchen ein langes Lineal, Maßband, Malerband und eine Wasserwaage.

1 Messen Sie den Wandbereich aus, den Sie dekorieren möchten. Zeichnen Sie einen Plan auf Millimeterpapier.

2 Dann entwerfen Sie das Muster auf Papier. Für gleichmäßige Streifen teilen Sie die Wand entsprechend auf. Sollen die Streifen unterschiedlich breit sein, improvisieren Sie. Benutzen Sie Filzstift, Buntstift, Wasserfarbe – alles, was für Experimente gut ist.

3 Übertragen Sie die Streifenbreite maßstabsgerecht auf die Wand und zeichnen mit Hilfe eines langen Lineals Bleistiftlinien vor.

4 Damit die Streifen wirklich gerade und gleichmäßig werden, kleben Sie die Kanten mit Malerband oder einem Streifen Karton ab, bevor Sie mit dem Malen beginnen. Fangen Sie mit den hellen Farben an, so können Sie kleine Fehler leichter korrigieren.

LEBENDIGE FARBEN

Punkte

Punktmuster sind einfach unwiderstehlich. Als geometrisches Motiv passen Punkte optimal zum modernen linearen Design. Gleichzeitig schafft das Spielerische des Musters ein Gegengewicht zu der ernsten architektonischen Strenge dieses Stils. Gestalten Sie eine Wand mit Punkten als poppigen Akzent und Kunstwerk.

Seien Sie verschwenderisch: Bei einem Punktmuster auf der Wand sollten die einzelnen Punkte richtig groß sein, damit sie Eindruck machen – je nach Raumgröße können rund 10 cm im Durchmesser perfekt sein. Sind sie wesentlich kleiner, sehen sie banal aus. Toll sind auch überdimensionale Punkte oder Kreise, die sich über die Ecken fortsetzen. Das ist allerdings schon die höhere Kunst.

So malen Sie ein Punktmuster

Fast noch mehr als bei den Linien ist für Punkte eine exakte Ausführung das A und O – schließlich sollen es Kreise werden und keine Ostereier. Mit einer Kreisschablone aus festem Karton können Sie sich die Arbeit sehr erleichtern.

1 Messen Sie den Wandbereich aus, den Sie dekorieren möchten. Zeichnen Sie auf Millimeterpapier einen maßstabsgerechten Plan.

2 Entwerfen Sie das Muster zunächst auf Papier und variieren Sie die Anordnung der Punkte immer wieder, um ein gutes Gleichgewicht zu finden. Die Punkte müssen nicht unbedingt im gleichen Abstand zueinander stehen, am besten wirken sie aber, wenn sie einigermaßen ausgewogen verteilt sind.

3 Experimentieren Sie mit verschiedenen Farbkombinationen. Mit Buntstiften oder anderem farbigen Zeichenmaterial können Sie die Wirkung testen.

4 Markieren Sie dann die Position jedes Punktes mit Bleistift an der Wand. Platzieren Sie die Schablone so auf der Wand, dass die Markierung genau in der Mitte liegt und fahren mit dem Bleistift am Rand des Ausschnitts entlang. Diese Form malen Sie zuletzt sauber mit dem Pinsel aus.

Farbe mit Durchblick

LEBENDIGE FARBEN

Transluzente oder transparente farbige Materialien sind ideal, um Farbe mit Licht zu kombinieren. Lichtdurchlässige Farbflächen wirken geradezu explosiv und entfachen ein fantastisches Lichtspiel im Raum.

LEBENDIGE FARBEN

Buntglas

Gefärbte Glasscheiben geben dem Licht eine faszinierende Tönung. Die Oberlichter in Zimmer- oder Haustüren sind für diesen Effekt wie geschaffen. Oder ein geschützter Wintergarten: Hoch angebrachte Farbglasscheiben werfen hübsche bunte Lichtflecken auf Wände und Böden, die mit dem Sonnenlauf über alle Flächen wandern. Suchen Sie sich einen Glaser, der farbiges Glas anbietet und nennen Sie ihm die Maße für die Öffnungen, die Sie gestalten möchten. In Bereichen, die zwar abgeschirmt, aber nicht lichtlos sein sollen, zum Beispiel im Bad, erfüllt Farbglas auch eine praktische Funktion.

Wenn Ihnen eine stärker dekorative Wirkung vorschwebt, geben Sie bei einem Fachmann einen Originalentwurf in Auftrag. Vorlagen dafür finden Sie in entsprechenden Publikationen. Es muss aber nicht immer der klassische Jugendstil-Entwurf sein, auch geometrische oder abstrakte moderne Muster können sehr reizvoll sein.

Raumteiler als Farbakzent

In Wohnungen mit offenem Grundriss ist es manchmal schwierig, verschiedene Aktivitäten voneinander zu trennen, ohne die ganzheitliche Raumwirkung zu beeinträchtigen. Oft entscheiden sich Bauherren darum für Schiebetüren – die blockieren allerdings das Licht. Volltransparente Raumteiler wiederum schaffen eine geringe optische Trennung und sind auch nicht ganz ohne Risiko, sie können beim Gang durch die Wohnung schnell übersehen werden. Gefärbtes Glas oder leichteres Plexiglas ist auch hier eine gute Lösung. Die Materialien schaffen die erforderliche Trennung, sind aber lichtdurchlässig. Eine solche Scheibe wirkt zudem fast wie eine farbige Wandfläche und setzt damit ganz von selbst einen belebenden dekorativen Akzent.

Die Idee ist vielfältig variierbar, zum Beispiel für Schrankfronten. In einem reduzierten Interieur offenbart Klarglas zu viel vom Drunter und Drüber im Schrank. Farbiges Glas, Acryl- oder Plexiglas nimmt die Einzelheiten aus dem Blick und verwandelt den Schrankinhalt in abstrakte Formen.

In vielen Altbauten sind die originalen bunten Glasscheiben noch erhalten. Meist schmücken solche dekorativen Elemente Außentüren und Treppenhausfenster. Wenn Sie einen solchen Schatz besitzen, nehmen Sie die vorgefundenen Farben als Basis für die Raumgestaltung, so kommt das historische Stück noch besser zur Geltung.

LEBENDIGE FARBEN

LEBENDIGE FARBEN

Details

❁ Durchsichtige Farbflächen können in kleinen Dosen ebenso effektvoll sein wie im großen Maßstab. Schirme aus farbigem Glas oder Stoff verwandeln normale Lampen in den leuchtenden Mittelpunkt eines Raumes.

❁ Blenden aus farbigem Acryl- oder Plexiglas können oben oder unten in Einbauschränke eingepasst und hinterleuchtet werden. Dadurch wirkt das Möbel weniger massiv. Kleinere Schränke mit einer erleuchteten Sockelblende wirken schwerelos.

❁ Besonders bei der Fensterdekoration gibt es jede Menge Spielraum für ein gelungenes Zusammenspiel von Licht und Farbe. Farbige Acrylplättchen, die wie ein Perlenvorhang vor dem Fenster hängen, versetzen das einfallende Licht mit kräftigen bunten Sprenkeln. Folie aus Farbgel kann man direkt auf die Fensterscheiben kleben und so eine Mosaikwirkung erzielen.

LEBENDIGE FARBEN

Licht ist schon von sich aus ein Wohlfühlfaktor. Zusammen mit Farbe kann es für stimmungsvolle Veränderungen der Raumatmosphäre sorgen. Mit den neuen technischen Entwicklungen hat sich das Spektrum der Dekorationsideen noch einmal erweitert. Inzwischen gibt es neben den farbigen Leuchtstoffröhren auch Leuchtdioden (LED) für den Hausgebrauch. Neonlicht kennt jeder vom klassischen Ladenschild, aber aufgrund des hohen Stromverbrauchs und einer speziellen Installation ist es für Privatpersonen kaum geeignet. Auch die äußerst langlebigen Kaltkathoden sind zu teuer für eine effiziente Beleuchtung.

Farbige Leuchtstoffröhren

Bis vor kurzem gab es Leuchtstoffröhren nur in Weiß und sie verbreiteten ein unangenehm weißliches Licht. Inzwischen sind sie in verschiedenen zarten Farben erhältlich, zum Beispiel in Rosé, Blau und Grün. Solche Leuchten sind relativ billig und erfordern keine aufwändige Installation durch den Fachmann. So kann praktisch jeder ganz einfach die Möglichkeiten von farbigem Licht ausprobieren.

Hinter einer Blende oder in einer Wandvertiefung verborgen, erzeugt eine farbige Leuchtstoffröhre einen klar definierten Lichtstreifen, mit dem man beispielsweise architektonische Details hervorheben kann. Hinter mattem Glas oder Plexiglas gibt sie ein diffuseres Licht. Leuchtstoffröhren haben eine Lebensdauer von 8 000 Stunden, einen geringen Stromverbrauch und geben kaum Wärme ab, weswegen man sie auch mit farbigem Gel beschichten kann.

Leuchtdioden

Sie blinken auf Anzeigetafeln, Messgeräten oder Taschenrechnern und haben sich längst bei einer Vielzahl von Produkten bewährt. Die winzigen kalten Lichtquellen verbrauchen ein Minimum an Energie und halten bis zu 100 000 Stunden. Manche hoffen, dass sie die Glühbirne langfristig ganz ersetzen.

Seit LEDs heller leuchtend und mit einer größeren Farbskala hergestellt werden können, spielen sie auch in Privathaushalten eine Rolle, vor allem, seit sie nicht nur in Rot, Orange, Bernsteingelb, Gelb und Grün erhältlich sind, sondern auch in Blau und Weiß. Außerdem werden die Halbleiterlämpchen immer günstiger, und so finden sich inzwischen einige Wohnaccessoires mit LEDs auf dem Markt.

Farbiges Licht

LEBENDIGE FARBEN

Farbige Wandfluter

Mit LED-Farbwechslern können Sie Ihre private Lightshow inszenieren und die Wände in farbiges Licht tauchen – mit einer einzelnen Farbe oder dem ganzen Spektrum des Regenbogens. Der Farbablauf wird per Zufallsgenerator oder durch ein festgelegtes Programm bestimmt. Dieser Typ des Wandfluters ist auf glatten weißen Flächen besonders wirkungsvoll. Solche Systeme sind mittlerweile durchaus erschwinglich und bringen dadurch ganz neue Möglichkeiten der Wohnraumgestaltung mit sich. Besonders schick ist ein ausgeleuchteter Erker oder eine Nische.

In Farbe baden

Auf dem Markt sind inzwischen auch Badewannen, Waschbecken und Duschkabinen mit integrierten LED-Ports erhältlich. So kann das Wasser farbig beleuchtet werden. Wie bei den Systemen, die auf Raumwirkung konzipiert sind, kann man auch hier eine einzelne Farbe oder eine Farbsequenz wählen.

Farb-Pfade

Bodenfliesen gibt es mit weißen LEDs oder solchen, die am Boden Regenbogeneffekte schaffen. Neu auf dem Markt sind Wandfliesen mit integrierten Leuchtdioden. Weil diese Lichtquelle sehr haltbar ist, brauchen Sie die Fliesen erst nach Jahren auszutauschen.

Farbstimmungen

Der Geheimtipp für überzeugende Lichtkonzepte sind verborgene Lichtquellen, sodass keine einzelnen Leuchten, sondern lichtüberflutete Flächen zu sehen sind. Kaschieren Sie die Lichtquelle und richten Sie sie so aus, dass die umgebenden Flächen in stimmungsvollem Schimmer glühen. In einem minimalistischen Interieur mit vielen freien Flächen und wenigen Farben können solche Lichteffekte eine gewisse Theatralik entfalten und dem Umfeld einen magischen Touch verleihen, ohne kitschig zu wirken. Der offensichtliche Vorteil von Lichtinstallationen gegenüber der Möblierung ist, dass man sie ständig variieren und einfach nach Belieben ein- oder ausschalten kann. Farbiges Licht ist von Natur aus gedämpft und vor allem als Hintergrundbeleuchtung geeignet. Koppeln Sie alle Leuchten mit einem Dimmer, sodass Sie die Wirkung je nach Stimmung und Bedarf verändern können.

LEBENDIGE FARBEN

LEBENDIGE FARBEN

Farben von heute

Als in den 50er-Jahren arbeitssparende Haushaltsgeräte günstiger wurden und allgemein Verbreitung fanden, waren sie grundsätzlich weiß. Den Käufern sollte Weiß Verlässlichkeit, Effizienz und Hygiene signalisieren und war damit die Farbe der Wahl.

Heute hat der etwas altertümliche Begriff Weißwaren für Waschmaschinen oder Kühlschränke seine Bedeutung verloren. Die Großgeräte für die Küche kommen in einer Vielzahl von Farbtönen von Signalrot bis Nachtblau daher oder mit Edelstahlverkleidung. Die Technik rückt in den Hintergrund und die praktischen Küchengeräte sind zum Design-Element geworden. Ein Kühlschrank in Babyblau macht schon morgens gute Laune!

✿ Eine ähnliche Entwicklung hat sich bei anderen Einbauten im Haus vollzogen. Das Bad in Avocadogrün bleibt in Sachen Einrichtungsstil das Allzeittief. Trotzdem ist die Farbe ins Bad zurückgekehrt. Mit Ausnahme von Produkten aus Naturstein behalten Wannen und Becken wohl ihr jungfräuliches Weiß. Dafür setzen farbige Verkleidungen belebende Akzente im Bad.

Farbe in der Küche

Ob Familienhaushalt, WG oder Single-Apartment: Die Küche ist heute zum zentralen Wohnraum geworden. Hier geht es um mehr als die Zubereitung und Aufbewahrung von Lebensmitteln. Entsprechend hat sich die Auswahl an Dekorationsideen enorm erweitert. Farbe spielt dabei eine ganz zentrale Rolle – das wäre vor 50 Jahren undenkbar gewesen. Aber warum sollten wir in einem Raum, in dem wir einen Großteil unserer Zeit zu Hause verbringen, darauf verzichten? Wichtig ist nur, dass die Farbpalette sorgfältig abgestimmt ist. Zu viele optische Aufreißer beeinträchtigen die Funktion der Küche als gemütliches Plätzchen zum Kochen und Genießen.

Kühlschränke und andere Geräte sind große Anschaffungen, mit denen man in der Regel einige Jahre lebt. Auch Einbauschränke kann man nicht jede Saison austauschen. Suchen Sie sich also das aus, was Ihr Herz am höchsten schlagen lässt – zum Beispiel eine Zeile glänzend roter Schränke oder einen rosaroten Kühlschrank – und halten Sie sich bei den übrigen Teilen eher zurück.

Schmuckfronten

Es gibt eine einfache und günstige Möglichkeit, eine in die Jahre gekommene Einbauküche aufzufrischen: Tauschen Sie Tür- und Schubladenfronten aus! Die Korpusse von Einbauelementen haben meist Standardmaße, die über Jahre gültig bleiben. Alternativ können Sie bei einem Schreiner neue Türen aus MDF (mitteldichte Faserplatte) anfertigen lassen. Dieses Material ist sehr formstabil und leicht zu lackieren.

Wem das zu aufwändig ist, der greift gleich zum Pinsel und lackiert die alte Beschichtung. Hängen Sie die Tür aus und rauen die Oberfläche mit Sandpapier auf, damit die Farbe haftet. Wischen Sie den Schleifstaub mit einem weichen Tuch ab. Streichen Sie die Türen innen und außen mit einer Grundierung und tragen Sie schließlich schlagfesten Lack auf.

Ein vielversprechendes neues Material ist der Acrylwerkstoff Parapan, der für Möbelfronten verwendet wird. Das Material ist wasserunempfindlich, schadstoffarm, hygienisch und vollständig durchgefärbt. Erhältlich ist es in 20 Farbtönen und auf Hochglanz poliert.

LEBENDIGE FARBEN

Druckfrisch

Wie oft mögen stilbewusste Interior Designer in den letzten Jahren wohl Oscar Wildes berühmten Ausspruch zitiert haben: »Entweder die Tapete geht, oder ich.« Im Zuge des Minimalismus im ausgehenden 20. Jahrhundert rissen sie euphorisch jeden noch so kleinen Fetzen bedrucktes Papier und jeden Musterstoff aus dem Interieur. Jetzt schwingt das Pendel in die andere Richtung: Die Tapete ist wieder da, und auch Muster aller couleur sind hochaktuell.

Neue Designtrends gehen sowohl von der Kunstwelt wie von der Modeindustrie aus. In jeder Saison wird das Angebot von neuen Tapeten größer. Zeitgenössische Künstler experimentieren mit neuen Materialien und mit den Möglichkeiten des digitalen Designs. Sie entwerfen ambitionierte Dessins, die dann in limitierter Auflage produziert werden. Aber die Hersteller holen auch faszinierende Motive aus den Archiven und erfinden sie quasi neu. So viel Flair und Raffinesse wie heute hatte die Tapete noch nie.

DRUCKFRISCH

Ohne Frage ist **Papier** das klassische Medium, um eine Wand markant zu gestalten. Ursprünglich war die Tapete eine preisgünstige Imitation der kostspieligen Wandbespannungen aus Damast und Brokat, die die Salons herrschaftlicher Wohnsitze zierten. Heute inspirieren sich Textil- und Tapetendesign gegenseitig: Die meisten erfolgreichen Tapetenmuster werden anschließend auch auf Stoff herausgebracht, umgekehrt tauchen viele traditionelle Stoffmuster als Tapete wieder auf.

Das kreative Crossover zeigt sich auch bei Designern wie Paul Smith, Stella McCartney oder Juicy Couture. Sie alle haben ihre Läden, Showrooms und Geschäftsräume mit Tapeten des traditionellen Herstellers Cole & Son dekoriert. Auch Modeschöpfer wie Matthew Williamson, Eley Kishimoto und Barbara Hulanicki befassen sich mit Tapetendesign. Die Botschaft ist klar: Tapete ist Haute Couture für die Wohnung.

nostalgisch

Viele der neuen Tapeten auf dem Markt greifen traditionelle Motive auf und geben ihnen einen neuen Look. Alteingesessene Tapetenhersteller sichten ihre Archive und aktualisieren glamouröse Dessins durch aktuelle Farben. Oder sie wählen ein einzelnes Motiv aus und vergrößern es, um eine spannende Wirkung zu erzielen – Klassiker mit Überraschungseffekt. Aber nicht nur die ehrwürdigen historischen Vorbilder sind gefragt: Auch die atemberaubenden Entwürfe der Australierin Florence Broadhurst aus den 60ern erleben eine großartige Renaissance. Und Modedesigner wie Matthew Williamson oder Barbara Hulanicki entwerfen Tapeten mit nostalgischem Touch – der inspirierende Austausch der Branchen bringt die schönsten Ergebnisse hervor.

floral

Florale Tapeten waren früher einmal der Inbegriff des Landhausstils – das kleinteilige Rankendekor an der Schlafzimmerwand passte zu den Rosen, die in den üppigen Beeten des Anwesens blühten. Moderne Blumenmuster haben solches Understatement nicht nötig. Sie sind zwar feminin, aber in einem urbanen, raffinierten Sinn – Mauerblümchen adieu! Besonders prunkvoll sind die großformatigen Motive. Kombiniert werden sie mit poppigen Farben, die teils ganz und gar unorganisch und darum umso frischer sind. Viele dieser Dessins passen gut in den privaten Rückzugsbereich. Andere brauchen den großen Auftritt im Wohnzimmer.

monochrom

Nichts setzt einen so selbstbewussten Akzent wie ein monochromes Muster. Viele Tapetendesigns bestehen aus einer einzigen Farbe, die auf weißen Grund gedruckt ist. Dieser lebendige Kontrast macht sie so anziehend. Ein monochromes Dessin kann einen Raum prägen, es erlangt eine geradezu architektonische Qualität. Darum fügt es sich gerade in moderne Interieurs gut ein, in denen klare Linien bestimmend sind. Die Motive variieren von abstrakt und grafisch bis zu eher illustrativen und figurativen Gestaltungen. Diskret im Hintergrund bleiben solche Tapeten allerdings nicht: Sie müssen im Mittelpunkt der Aufmerksamkeit stehen.

grafisch

Ein grafisches Muster ist zwar abstrakt, aber nicht unbedingt zeitlos. Viele moderne Designs sind ausgesprochen retro. Sie greifen in passenden Farbkombinationen die psychedelischen Wirbel der 60er auf oder die großflächigeren Formen der 70er. Durch eine Struktur- oder Metallicbeschichtung kommt optische Tiefe hinzu, und sie schützt das Material vor Kratzern oder Flecken. Überlegen Sie, was besser zu Ihren Räumen passt: Eher ein in sich geschlossenes, kleinteiliges Muster oder aber dynamische Flächen und Linien. Auch die Farbe ist entscheidend für eine eher ruhige oder lebhafte Anmutung.

Dynamik

Muster haben eine magische Anziehungskraft, die Wiederholung verleiht Mustertapeten ihre lebendige Qualität. Das Ornament ist Teil der natürlichen Welt und eine der großen kreativen Schöpfungen. Wie in der Musik geht es bei optischen Mustern um Ordnung und Harmonie. Sie können komplex und detailliert sein oder assoziativ, jazzig und frei fließend. In jedem Fall hält der Rhythmus der Wiederholung das Ganze zusammen.

William Morris, einer der größten Entwerfer aller Zeiten, hatte über Muster in der Innenausstattung eine recht strenge Auffassung. Für Tapeten, so seine Überzeugung, eignen sich symmetrische Dessins am besten, weil diese flach auf der Wand aufliegen. Natur- oder Rankenmuster machen sich dagegen auf Stoff am besten, weil dieser gerafft oder gefaltet wird. Morris' Dessins zählen bis heute zu den beliebtesten Mustern der Einrichtungsgeschichte – aber aus Sicht des 21. Jahrhunderts können wir seine Regeln darüber, wie und wo sie eingesetzt werden, ein wenig lockern.

DRUCKFRISCH

Maßstab und Proportion

Die neuen Tapeten trumpfen mit riesigen Motiven auf, sie verschwinden nicht mehr im Hintergrund: Die Tapete ist frech, laut und raumgreifend. Die Wiederentdeckung der dekorativen Wandgestaltung ist auch Künstlern wie Tracy Kendall zu verdanken. Sie entwirft Tapeten mit wandhohen Einzelmotiven wie Besteckteilen oder Blumen. Traditionelle Hersteller haben für ihre neuen Kollektionen Muster aus dem Archiv vergrößert. Dadurch gewinnt das Motiv eine eigene Qualität als Bild, und der Bezug zwischen Motiv und Hintergrund verändert sich: Die Tapete ist nicht mehr flächendeckend dicht strukturiert, sondern offen und luftig.

Großformatige Motive passen sehr gut in kleine, abgeschlossene Räume. Muster im vergrößerten Maßstab wirken im Bad oder im Flur am besten, weil die Wandflächen begrenzt sind und die Tapete nicht dominant werden kann. Es hat etwas Besonderes, ein großformatiges Dessin auf kleinem Raum zu präsentieren – es trotzt dem begrenzten Maßstab, statt sich dafür zu entschuldigen.

Farbe und Struktur

Neue Muster kommen in scharfen Farbkombinationen, die im Auge nachschwingen. In Pink, Gelbgrün und Lila sind klassische Stilentwürfe absolut up to date. Manche Hersteller bieten passend zur Einrichtung auch individuelle Farbgestaltungen der Tapete an.

Strukturtapeten mit Velours- und Folienbeschichtung haben einen ganz eigenen Appeal. Velours verleiht der Wand eine weiche, samtartige Haptik. In gewagten Designerfarben wirkt es zugleich trendig und barock. Auch reflektierende Folien sind ein Blickfang. Je nach Muster erinnern sie an die futuristische Mode und die psychedelischen Entwürfe der 60er oder den Glam Rock der 70er. Die schimmernde Oberfläche intensiviert die Lichtwirkung, und durch die Verwendung von Pigmenttinten entstehen verblüffende Glittereffekte, die sich je nach Lichteinfall verändern.

DRUCKFRISCH

Blickfänger

Eine einzelne Wand als Farbfläche gestaltet oder mit einer tollen Tapete beklebt – beides hat einen grandiosen Effekt. Wer nicht gleich den ganzen Raum in Muster hüllen will, kann sich auf diese Strategie verlassen. So bleibt auch preislich alles im Rahmen – hochwertige Tapeten können sehr teuer sein. Wenn Sie die Tapete zum gestalterischen Raumelement machen, ist das ein perfekter, budgetfreundlicher Kompromiss.

Setzen Sie den starken Auftritt der Tapete als eigenständiges Bild ein, oder aber als verbindenden Hintergrund für eine Sitzgruppe oder beruhigendes grafisches Element im Schlafzimmer. Oder Sie tapezieren eine Nische und heben sie so als architektonisches Detail hevor. Das wirkt wie ein aufreizendes Futter in einem Business-Anzug. Raumteiler mit Mustertapete verleihen Bereichen mit offenem Grundriss Charakter und Persönlichkeit.

Worin liegt das Geheimnis? Wählen Sie kräftige Dessins mit Mustern oder Ornamenten in großem Maßstab. Mit einer klein gemusterten Tapete funktioniert der Trick nicht – dann sieht es nur so aus, als wären Sie noch nicht dazu gekommen, den Rest des Zimmers zu tapezieren.

DRUCKFRISCH

Ideen für die Wandgestaltung

Papier Das klassische »Wandkleid«. Es gibt große Qualitätsunterschiede, und das merkt man wie bei allen Dekorationsmaterialien natürlich am Preis. Ganz oben auf der Skala stehen handbedruckte Tapeten von echten Druckstöcken. Allgemein lässt sich sagen: Je mehr Farben das Muster enthält, desto höher die Kosten. Extras wie Handvergoldung oder der Einsatz von Pigmenttinte machen das Ganze noch einmal teurer. Auch Tapeten im Prägedruck gibt es in hoher Güte. Am preisgünstigsten sind die maschinenbedruckten Dessins. Viele Tapetenhersteller bieten auch mit Folie oder Velours beschichtete Produkte an.

Art-house Tapeten von Künstler-Designern werden meist in begrenzter Auflage hergestellt. Zu den jüngsten Beispielen zählen »interaktive« Dekore wie Linda Florence' *Morphic Damask*: Das Muster reagiert auf Reibung und verändert sich. Bei Rachel Kellys Entwurf *Long Flower* kann das handgedruckte Grunddessin auf Wunsch mit Blumen- und Blattstickern aus Vinyl verändert werden.

Naturfasern Die gute alte Raufaser hat einen weiten Weg zurückgelegt. Die Struktur entsteht durch Naturfasern wie Gras, Sisal, Jute, Rattan oder Rupfen, die auf eine Papierunterlage aufgebracht werden. Die Tapeten lassen sich leicht verarbeiten und anstreichen – ein neutraler Klassiker.

Kork Eine Variation auf das Thema Wandbekleidung sind Korkfliesen. Für Feuchträume sind mit Vinyl beschichtete Fliesen geeignet, die eine haltbare, wasserfeste Oberfläche aufweisen. Ursprünglich wurden sie als Bodenfliesen verwendet, aber es gibt inzwischen auch eine dünne Ausführung für die Wand.

Stoff Die Grande Dame der Wandbedeckung ist natürlich die Bespannung mit Stoff. Er verleiht jeder Wand einzigartige Tiefe. Großartig und raffiniert, zugleich aber warm und intim, bringen Stoffe eine sinnliche Optik ins Interieur. Und sie wirken sogar schalldämpfend. Zu den traditionellen Stoffen für eine Wandbespannung gehört Seidendamast, der natürlich sehr teuer ist. Möbelbezugsstoffe aus Baumwolle und Leinen sind durchaus eine Alternative. Wie Tapete können Sie Stoffe entweder nutzen, um einen Raumteiler zu schmücken oder eine ganze Wand als dekorativen Hintergrund zu bespannen. Das geht recht unkompliziert, wenn man den Stoff an Ort und Stelle spannt und festtackert. Die Heftklammern werden anschließend unter Borten, Bändern oder Zierleisten verborgen. Es gibt auch unsichtbare Fixierungen, die eine Verkleidung überflüssig machen. Nach der traditionellen Methode, die zu einem weicheren und hochwertigeren Ergebnis führt, wird der Stoff auf Sperrholzleisten fixiert. Der Hohlraum zwischen Stoff und Wand wird mit weichem Füllmaterial oder Vlies wattiert. Diese Technik erfordert allerdings etwas Geschick: Jede Stoffbahn muss exakt an die nächste passen – ein einziger Fehler kann da ziemlich kostspielig werden.

❋ Muster auf weißem Grund geben neben weißen Wänden einen tollen Akzent ab. Bei Mustern auf farbigem Grund streichen Sie das übrige Zimmer im gleichen Farbton wie die Hintergrundfarbe. Das ergibt einen runden, harmonischen Look.

❋ Für die Bereiche Bad und Küche sind wegen der dort entstehenden Feuchtigkeit Vinyltapeten empfehlenswert.

❋ Bringen Sie einen Raumteiler besonders zur Geltung, indem Sie ihn auf beiden Seiten mit dem gleichen Muster in unterschiedlichen Farbkombinationen versehen.

❋ Suchen Sie nach Tapete in doppelter Breite, wenn Sie eine Wand tapezieren. So entstehen keine Nähte und das Muster wird nicht unterbrochen.

❋ Lange Zeit führte die Tapete ein Schattendasein. Sie war in Verruf geraten, weil sie oft als Sanierungsmaßnahme für anstrichbedürftige Wände oder rissigen Verputz zum Einsatz kam. Doch mit solchem Flickwerk lässt sich das Auge nicht täuschen. Ein schönes Muster verdient glatte, gut vorbereitete Wände und höchste Sorgfalt bei der Verarbeitung.

Flächendeckend

Ein komplett gemusterter Raum ist eine Welt für sich. Erscheinen alle Wände im selben Dessin, erzeugt das ein Gefühl von Geborgenheit und Intimität. Bei Räumen mit offenem Grundriss, die in verschiedene Bereiche unterteilt sind, wirken einige einfarbige Wände strukturierend.

Wenn Sie im großen Stil auf Muster setzen, entscheiden Sie sich möglichst für kleinteiligere Motive und dezente Farbkombinationen. Alles andere macht einfach nur nervös. Andererseits können natürlich auch knallige Dessins sehr effektvoll sein, wenn sich die Einrichtung ansonsten einigermaßen zurückhält. Die Kunst besteht in der richtigen Balance!

DRUCKFRISCH

Koordination

Das Muster ist zurück und damit auch das Bedürfnis nach einer gut aufeinander abgestimmten Raumgestaltung: Das gleiche Dekor oder eine Hauptfarbe des Musters wird auf verschiedenen Oberflächen wiederholt. Solche Kombinationen können sehr charmant und zugleich ausgleichend und beruhigend sein. Aber bitte nicht übertreiben! Sonst ist das Ergebnis eine beklemmende Puppenstube. Ein guter Mittelweg: Vorhänge und Tapeten passend zueinander auswählen und alles übrige im Raum eher schlicht halten. Oder kombinieren Sie eine lebhaft gemusterte Tapete mit einem Polster- oder Vorhangstoff, der die Farben und ähnliche Motive in ruhigerer Verteilung aufgreift.

Bewegung

Bei Tapeten mit Bildmotiven stellt sich die Frage nach der Richtung eigentlich nicht – wer möchte schon Flamingos, die auf dem Kopf stehen, oder umgedrehte Blumentöpfe. Geometrische oder andere abstrakte Motive haben dagegen ein ganz eigenes dynamisches Potenzial. Waagerecht ausgerichtete Tapeten ziehen die Decke optisch nach unten und schaffen ein Gefühl von Beständigkeit und Erdung. Dessins mit vertikaler Ausrichtung lassen Räume höher erscheinen. Einige Muster kann man sogar diagonal einsetzen – aber das empfiehlt sich wohl höchstens im Sport- oder Partyraum.

Stil und Detail

In früheren Zeiten wurden die Wände in verschiedene, durch Stuck und Zierleisten gerahmte Abschnitte gegliedert. So konnte ein und dieselbe Wand ganz unterschiedlich gestaltet werden: Am oberen Wandabschluss füllte ein umlaufender Fries den Freiraum zwischen Decken- und Tapetenleiste. Den größten Bereich nahm die Fläche unterhalb der Tapetenleiste ein, und das untere Wanddrittel reichte bis hinunter zur Sockelleiste. Der Fries konnte eine dekorative Papierbordüre sein, im Hauptwandbereich wurde das Grundmuster präsentiert, und das untere Drittel war mit festerer Tapete oder einem anderen abriebfesten Material bedeckt.

In modernen Interieurs wird die Tapete flach, in durchgehenden Bahnen und ohne die Proportionierung durch Stuck und Zierleisten angebracht. Architektonische Details beschränken sich auf ein Minimum oder fehlen ganz. Für einen überzeugenden Look sind deshalb saubere, scharfe Kanten und vollkommen glatte Oberflächen unerlässlich.

✳ Ob Strandszene, ein Panorama von Manhattan oder die frühlingshafte Waldlichtung – Fototapeten öffnen ein Fenster zur Welt. Besonders individuell wird die Gestaltung, wenn Sie Ihren Lieblingsschnappschuss zur Fototapete vergrößern lassen.

Fototapete

Fototapeten sind die zeitgemäße Variante eines dekorativen Klassikers: Im Barock schwärmte man für die gemalte Augentäuschung, das trompe l'œil, eine damals hochgeschätzte Kunst. Heute werden Fototapeten in Rollen oder Bahnen verkauft. Es gibt sie auch mit selbstklebender Rückseite, was das Anbringen extrem vereinfacht. Beim Aufhängen von Fototapeten gibt es allerdings so gut wie keine Fehlertoleranz. Bahnen oder Rollen müssen für einen nahtlosen Übergang exakt aneinander passen, sonst entsteht ein schiefes Bild.

Stoff- sammlung

In einem modernen Interieur können Materialien selbstbewusst auftreten. Glatt versiegelter Putz, lackiertes oder poliertes Holz, Stein und Fliesen passen zu den klaren Linien des zeitgenössischen Designs. Auch Werkstoffe, die bislang nur in Industrie und Handel zu finden waren, setzen sich mit großartigen Ergebnissen im Wohnbereich durch: Beton, Kautschuk, Glas und Stahl als Bodenbelag, Verkleidung, Arbeitsplatte und in vielen anderen Anwendungen. Das spannende Zusammenspiel von Material und Finish hat der jahrelang vorherrschenden dezenten Einrichtung lebendige Impulse gegeben.

Allerdings wird dabei leicht übersehen, dass die Welt der Materialien auch eine weiche Seite hat. Textilien jeder Art melden sich zurück: von Möbelstoffen und Teppichen bis zu Spitze und Strick. Sie bringen Komfort ins Spiel. Textilien sind warm und kuschelig, und sie dämpfen den

Geräuschpegel. Aber es geht auch um Komfort im ästhetischen Sinn – Farben und Muster sind einfach ein wohltuender Anblick.

Natürlich gibt es jede Menge historischer Muster, aber auch in der Moderne feierte das Textildesign Triumphe. Künstler wie Raoul Dufy, Sonia Delaunay, Vanessa Bell oder Duncan Grant fertigten in den ersten Jahrzehnten des 20. Jahrhunderts fantastische Stoffentwürfe. In der Nachkriegszeit gab es ein Feuerwerk an gemusterten Textilien, die auf alles Mögliche zurückgriffen, von abstrakter Kunst bis zu wissenschaftlichen Entdeckungen. Ähnliche Wechselwirkungen sind heute auch zu beobachten. Die Grenzen zwischen Kunst, Handwerk und Produktdesign verwischen. Neue Materialien, Drucktechniken und ein wieder erwachtes Interesse an Handarbeit hat die Einrichtungsabteilungen durchgerüttelt wie nie zuvor.

STOFFSAMMLUNG

barock

Bedruckte Stoffe haben einen großen Vorteil gegenüber Tapeten: Sie sind extrem haltbar. Deshalb befinden sich uralte Originale oft noch immer in gutem Zustand. Tapeten dagegen bleichen aus, die Farben verblassen und das Material verschleißt. Auf Flohmärkten oder in gut sortierten Secondhand-Läden kann man immer wieder einzigartige Vintage-Stoffe finden. Ansonsten ist es wie bei den Tapeten: Stoffdessins aus den Archiven kommen in neuen Farbkombinationen und mit vergrößerten Motiven wieder zum Vorschein. Besonders faszinierend ist die Arbeit von Designern wie Timorous Beasties: Ihre Interpretation der traditionellen Toile-de-Jouy entführt nicht in bukolische Landschaften, sondern zeigt beispielsweise das London des 21. Jahrhunderts.

natürlich

Viele Stoffentwürfe des 20. Jahrhunderts, besonders die der unmittelbaren Nachkriegszeit, basierten auf grafisch stilisierten Naturformen. Klassische Beispiele sind Dessins des renommierten finnischen Herstellers Marimekko, insbesondere die Arbeiten von Maija Isola. Die entspannte Fröhlichkeit dieser Muster gibt jedem Raum einen lebendigen, optimistischen Look, egal ob der Stoff das Fenster schmückt, für Polster oder Kissenhüllen verwendet wird. Viele der Dessins haben eine gewisse Verwandtschaft, sei es formal oder farblich. Darum eignen sie sich besonders gut für einen Mustermix.

monochrom

Auf den ersten Blick erscheint der Kontrast von Schwarz und Weiß vielleicht allzu simpel. Aber diese Muster haben Power! Mit minimalem Aufwand entfaltet eine reduzierte Farbwahl maximale Wirkung. Davon profitieren Dessins in barocker Noblesse ebenso wie die Strenge und Kühnheit geometrischer Formen oder zarte Bleistiftzeichnungen. Dominante Muster brauchen viel Platz zum Atmen. Mit sparsam eingesetzten anderen Farben sind sie meist recht gut kombinierbar, für den Mustermix allerdings eher nicht geeignet.

erhaben

Stoffe mit Struktur bringen auf sehr elegante Weise den Tastsinn ins Spiel. Eine abwechslungsreich gestaltete Oberfläche kann laute, knallbunte oder wild gemusterte Stoffe durchaus abdämpfen. Die neue Wertschätzung des Kunsthandwerks und der Handarbeit hat viel mit der Verwendung ungewöhnlicher Materialien zu tun. So werden Kunststofffasern zu Strickwaren oder dichtem Florgewebe mit Frottee- oder Samtoptik verarbeitet. Sogar die Spitze kommt im neuen Gewand daher. Im 3-D-Druck entstehen faszinierende Velours- und Schlingengewebe, und Laser schneiden filigrane Muster aus Filz oder Leder.

Mut zum Mix

Textilien sind ein wunderbares Experimentierfeld für gewagte Musterkombinationen. Wenn Sie gerne nähen, stricken oder häkeln – umso besser: Dann können Sie die Palette aufregender Mischungen unendlich erweitern. Wie bei anderen bedruckten oder gemusterten Materialien gibt es auch für den Einsatz von Stoff jede Menge Ideen. Mit einem kühn bedruckten Stoff wird Omas Sessel zum Eyecatcher. Für den durchgestylten Look nehmen Sie farblich oder in den Motiven zueinander passende Musterstoffe für verschiedene Zwecke – so kann zum Beispiel das Sofakissen zum Echo des Lampenschirms werden.

❀ Ein einfacher Trick: Tauschen Sie die Kissenbezüge aus – so bringen Sie Ihre Einrichtung von jetzt auf gleich auf den neuesten Stand. Das ist eine tolle Möglichkeit, auf Deko-Trends zu reagieren, ohne sich zu ruinieren. Oder gehen Sie mit dem Wechsel der Jahreszeiten und tauschen Sie im Winter die hellen Sommerdrucke gegen sattere, dunkle Farben aus.

❀ Für Kissenbezüge lassen sich Stoffreste vom Flohmarkt gut verwerten. Auch alte Vorhänge, Überwürfe, Tischdecken, Geschirrtücher und sogar Kleiderstoffe können Sie in Kissenhüllen verwandeln. Wenn der Stoff nicht für das ganze Kissen reicht, verwenden Sie für die Rückseite ein komplementäres Muster oder einen durchgehenden Farbton.

❀ Kissen werden nicht so stark beansprucht wie Polster. Deshalb können auch empfindlichere Stoffe in den Mix eingebracht werden – zum Beispiel ein Seidenschal oder ein zarter handgewebter Stoff, den Sie aus einer entlegenen Ecke der Welt mitgebracht haben.

Mustermix

Mit etwas Selbstbewusstsein und einem guten Gespür für Farben können Sie einen tollen, wirkungsvollen Mustermix kreieren. Experimentieren Sie als Einstieg mit Einzelstücken – etwa mit Kissenbezügen, Tagesdecken und ähnlichem. Solche Teile können Sie einfach austauschen oder in die Altkleidersammlung geben, falls eine Kombination nicht gelingen sollte.

Groß, klein, geometrisch, floral, gestreift oder gepunktet – mixen Sie viele verschiedene Muster. Suchen Sie nach einer optischen Gemeinsamkeit, wenn die Dessins in Maßstab oder Typus sehr unterschiedlich sind. Auch ein Thema kann ein gemeinsamer Nenner sein. Handbedruckte Stoffe aus derselben Epoche zum Beispiel können durch den Zeitbezug ganz von selbst für eine harmonische Kombination sorgen. Beachten Sie auch die unterschiedlichen Texturen: Strick, Velours oder bestickte Stoffe geben dem Mix eine weitere Dimension.

Harmonische Muster

Für ein aufeinander abgestimmtes Interieur stellen Sie ein Muster in den Vordergrund. Die Wiederholung desselben Dessins auf unterschiedlichen »Trägern« – an den Wänden, am Fenster, als Bettwäsche oder Polster – schafft eine Atmosphäre der Geborgenheit. Für diesen Look ist etwas Entschlossenheit gefragt: Wenn Sie Sofa und Polstersessel mit dem gleichen Stoff beziehen, bleiben Sie im Rahmen der guten alten Sitzgarnitur. Übernehmen Sie das Muster oder eine Variante davon aber an den Wänden und der Fensterdekoration, ist ein starker dekorativer Effekt garantiert.

Entscheiden Sie sich nur für ein Muster, das Sie auch wirklich mögen – Sie sollten es sogar geradezu verehren, schließlich sehen Sie es dann jeden Tag! Das Muster prägt die Stimmung eines Raumes. Bei der Entscheidung über Dessin und Farbkombination spielt die Nutzung des jeweiligen Wohnbereichs eine Rolle. Welche Atmosphäre möchten Sie schaffen – ruhig oder anregend, dynamisch oder eher klassisch? Fließende Muster haben einen sanften, entspannenden Rhythmus. Symmetrische oder geometrische Dessins wirken geordnet und können die Konzentration unterstützen.

Ein wichtiger Faktor ist der natürliche Lichteinfall. Besorgen Sie sich ein großes Probestück von Ihrem ausgewählten Muster, hängen Sie es an die Wand und beobachten Sie es einige Tage lang, um zu sehen, wie es zu verschiedenen Tageszeiten wirkt. Auf der Nordhalbkugel ist das Licht in Räumen, die nach Norden gehen, bläulich und recht kühl. Ein Muster, dessen Hauptfarben am kalten Ende des Spektrums liegen, senkt daher die optische Temperatur auf den Gefrierpunkt. Nach Süden gerichtete Zimmer haben ein volleres, wärmeres Licht. Hier können kühle Farben erfrischend und belebend wirken. Ein Muster in warmen dunklen Farben gibt einem Raum Geborgenheit; kühle, luftige Farben lassen ihn größer erscheinen.

STOFFSAMMLUNG

Kuschelzone

Weite, offene Flächen, minutiöse Detailverarbeitung und klare Linien – das sind für viele die Hauptzutaten zum modernen Wohnstil. Aber wo bleibt da der Komfort? Textilien und andere weiche Materialien machen ein Haus wohnlich. Polstermöbel und Berge von Kissen in allen Größen sind herrlich zum Relaxen. Außerdem sind weiche Stoffe ideal, um dekorative Akzente zu setzen – und die Laune zu heben!

Polstervarianten

Viele Polsterstoffe sind Mischgewebe aus natürlichen und synthetischen Fasern. Die synthetische Komponente sorgt für Strapazierfähigkeit. Gute Bezugstoffe sind:

❋ Halbleinen: Eine Mischung aus Leinen und Baumwolle. Halbleinen ist belastbarer als jeder der beiden Inhaltsstoffe.

❋ Dicht gewebte Wollstoffe wie zum Beispiel Tweed.

❋ Chenille: mit samtweicher Oberfläche, uni oder gemustert.

❋ Jacquard: ein Klassiker mit erhabenem Muster. Der Name leitet sich vom Webstuhl ab, auf dem er hergestellt wird.

❋ Samt und Moquette: Moquette (auch Plüsch) ähnelt Samt, die Schlingen werden geschoren oder bleiben geschlossen.

❋ Damast und Brokat: Bei diesen üppigen Stoffen fügen sich typischerweise erhabene Muster in das Gewebe ein.

❋ Leder und Veloursleder: Leder altert besonders schön.

Muster im Großformat

Große Muster können sehr wirkungsvoll sein, selbst auf kleinen Stühlen oder Kissen. Der Maßstab macht etwas her und sorgt für frischen Wind. Wichtig ist die Ausrichtung: Idealerweise sollte das Muster zentriert sein, damit nicht ein Teil des Motivs auf die Rückseite rutscht. Um den Musterverlauf zu prüfen, nehmen Sie die Maße zum Materialkauf mit. Dann können Sie sichergehen, dass das Dessin auf die vorgesehene Fläche passt. Wenn Sie ein großes Muster zentrieren, brauchen Sie meist mehr Stoff, als wenn Sie einen Stuhl oder ein Sofa mit einem kleinteiligeren Dessin beziehen.

Lose oder fest?

Bei Polstermöbeln ist immer die Frage: Soll der Bezug abnehmbar sein oder nicht? Hussen und Überwürfe sind praktisch, weil man sie leicht reinigen kann. Außerdem hat man so eher die Möglichkeit, ein Zimmer im Handumdrehen aufzupeppen oder der Jahreszeit anzupassen. Für Möbel mit betont gestalteten Konturen – Sofas mit verschnörkeltem Rahmen oder Stühle mit gedrechselten Beinen, die man auch sehen möchte – sind Hussen nicht zu empfehlen. Solche Überwürfe sitzen außerdem nicht gut auf mit Velours oder Samt bezogenen Polstern.

Für eine geübte Näherin ist das Fertigen einer Husse ein Kinderspiel. Polsterbezüge dagegen lässt man lieber anfertigen, doch das kann ziemlich teuer werden. Oft lohnt es sich aber, ein im Grunde solides Stück, das schon etwas abgenutzt aussieht, auf diese Weise wiederzubeleben. Sollten Sie sich dafür beim Antiqutätenhändler umschauen, prüfen Sie das Stück auf Anzeichen für Holzwurm oder beschädigte Holzverbindungen.

Material

Bevor Sie sich über Muster und Farben Gedanken machen, achten Sie besonders auf die für den vorgesehenen Gebrauch geeignete Stoffqualität. Polstermöbel müssen einiges aushalten, ein leichtes Material ist daher meist nicht die richtige Wahl. Knittert der Stoff, wenn Sie ihn in der Hand zusammendrücken? Franst er an den Schnittkanten leicht aus? Dann ist er für einen Polsterbezug wahrscheinlich zu leicht. Auch die Farbbeständigkeit ist ein Thema, vor allem wenn das Sofa beispielsweise im sonnigen Wintergarten stehen soll. Lassen Sie sich für alle Fälle im Fachhandel beraten.

STOFFSAMMLUNG

✺ Mit verschiedenen Blumenstoffen bezogene Kissen geben auf dem einfarbigen Sofa ein attraktives und harmonisches Bild ab. Die Dessins ähneln sich im Stil und stammen aus derselben Zeit: Sie passen perfekt zusammen. Der gestreifte Teppich bringt ein weiteres Muster ins Spiel, ohne aufdringlich zu wirken.

✳ Ein Biedermeiersessel braucht nicht unbedingt einen Polsterbezug aus derselben Epoche, um eine gute Figur zu machen. Manche Stücke kommen erst richtig durch einen frechen Stilkontrast zur Geltung. Gönnen Sie einem traditionellen Sessel oder Sofa ein aktuelles Outfit oder beziehen Sie umgekehrt das moderne Pendant mit einem Retro-Muster. Leider ist so ein »Kleiderwechsel« nicht eben billig, wenn auch etwas preisgünstiger als der Kauf eines neuen Möbelstücks.

✳ Kombinieren Sie verschiedene Stoffe und Muster auf ein und demselben Möbelstück: Lehnen und Sitzfläche in einem Stoff, die Rückseite in einem anderen. Oder beziehen Sie Seiten und Rücken mit einem Muster und wählen für die Lehnen ein anderes. Oft ist die Wirkung besser, wenn das Muster an den Seiten und auf der Rückseite zurückhaltender ist als das der Vorderseite. Dafür eignet sich zum Beispiel ein dezenter Streifen in einer Farbe des Hauptstoffs.

STOFFSAMMLUNG

✱ Big is beautiful. Groß gemusterte Sessel sind ein visuelles Erlebnis. Wenn Sie unsicher sind, ob Sie auf diesen Stil einsteigen möchten, beziehen Sie zunächst einen Sessel oder ein Sofa mit einem gemusterten Material. Das ist ein guter Ausgangspunkt für gewagtere Schritte.

Schlafzimmer

Im Schlafzimmer ist Stoff nie aus der Mode gekommen. Ob aus glattem, kühlem Leinen, feinster ägyptischer Baumwolle oder – die etwas dekadente Variante – aus Satin und Seide: Bettwäsche bietet Komfort dort, wo er am meisten zählt, auf der Haut. Denken Sie an stattliche Himmelbetten mit raffinierten Drapierungen oder intime Boudoirs voller Volants und Schleifen: Über Jahrhunderte waren es die Stoffe, die jedem Schlafgemach seinen ganz eigenen Charakter gaben. Heutige Schlafzimmer sind vielleicht etwas funktionaler und reduzierter gestaltet, aber das puristische Weiß des Minimalismus ist einem gewagteren, dekorativeren Look gewichen, der in Mustern und Farben schwelgt.

Das trägt das Bett von heute

❀ **Gemusterte Bettwäsche:** Mehrteilige Sets gibt es in vielen modernen Dessins – vom hübschen Blumenmuster bis zu Punkten, von grafisch-geometrischen Dekors bis zu exotischen Motiven.

❀ **Haufenweise Kissen:** Bunte Kopf- und Zierkissen im Mustermix lassen das Bett immer frisch und auch wohnlich wirken – das ist umso wichtiger, wenn Sie den Raum auch als Arbeits- oder Wohnzimmer nutzen.

❀ **Gepolstertes Kopfteil:** Ein einfaches wattiertes Paneel, mit Stoff bespannt, rundet den eleganten, harmonischen Eindruck ab. Der Bezug für ein Betthaupt ist leicht herzustellen, und ganz nebenbei können Sie hier noch einen weiteren Muster-Favoriten unterbringen!

❀ **Steppdecke, Tagesdecke und Plaid:** Mit Decken aus wattiertem Satin, bestickter Seide, Angora oder Kaschmir verleihen Sie dem Bett zusätzliche Sinnlichkeit.

Bettwäsche auswählen

Synthetische Materialien oder Mischgewebe aus Natur- und Synthetikfasern haben zwar praktische Vorteile (knitterfrei!), aber das Gefühl reiner Naturfaser auf der Haut ist unersetzlich. Wir verbringen etwa ein Drittel unseres Lebens mit Schlafen – Bequemlichkeit im Bett ist darum kein Luxus, sondern eine grundlegende Notwendigkeit. Die besten Naturfasern für Bettwäsche sind Leinen und Baumwolle. Leinen ist sehr haltbar und strapazierfähig, außerdem hypoallergen und antistatisch. Mit der Zeit wird es weicher und bekommt eine traumhafte Textur. In Sachen Komfort liegt Baumwolle fast gleichauf. Die feinste Baumwolle stammt aus Ägypten. Sie wird zu einem sehr feinen Faden versponnen, der ein seidig-weiches und stabiles Gewebe ergibt. Die Qualität hängt auch von der Dichte ab: Perkal ist ein besonders glatter und dicht gewebter Baumwollstoff.

Die richtige Zusammenstellung

In punkto Möblierung heißt es im Schlafzimmer immer noch: weniger ist mehr. Das Bett ist schon wegen der Größe das dominante Möbelstück. Gerade wenn Sie nicht über einen regelrechten Schlafsaal verfügen, beschränken Sie sich bei den übrigen Möbeln auf das Minimum. Lassen Sie Schränke einbauen oder bringen Sie Ihre Kleider in einem anderen Raum unter. Ein sparsam möblierter Raum lässt der Dekoration mehr Platz zum Atmen – den Bewohnern übrigens auch!

✱ Im Schlafzimmer beginnen wir den Tag, und hier endet er meist auch. Erwachen Sie inmitten von Farben und Mustern, die Ihre Seele zum Klingen bringen. Wenn Sie Muster vom Boden bis zur Decke zu überwältigend finden, reichen vielleicht auch einzelne Kissen als dekoratives Gestaltungselement, dann können Wände und Boden einfarbig bleiben.

✱ Kräftige Muster in dunklen Farben wirken im Schlafzimmer luxuriös und stimmungsvoll. Sie erzeugen einen maskulineren Look als wild wuchernde Blümchen und passen gut zu einem geradlinigen, herberen Stil.

✱ Nutzen Sie die Chance, durch ein Polsterbett mit stoffbezogenem Korpus und Kopfteil einen kräftigen Akzent in der Farbpalette des Schlafzimmers zu setzen.

Fenster

Ein Fenster ist immer schon von selbst ein Blickpunkt im Zimmer – Licht und Aussicht ziehen das Auge geradezu magnetisch an. Rollos in einer einzigen Farbe sind vielleicht zweckmäßig, aber eher langweilig. Gardinen, Drapierungen und schlichte Stoffbahnen an Gleitschienen lassen jede Menge Spielraum für erfrischende Farben und Muster. Zarte Stoffe und halbtransparente Materialien filtern das Licht auf angenehme Weise.

Fensterdekoration

Ob nun voll und gerafft oder in glatten Bahnen: Stoff verleiht der Einrichtung ein gewisse Geschmeidigkeit. Faltenwurf und Fall des Stoffs bringen etwas Leben ins Interieur, was mit Jalousien, Rollos und anderen starren Fensterdekorationen nicht gelingt. Muster verstärken diese Wirkung noch.

Die Möglichkeiten sind unbegrenzt. Gardinenbretter, Querbehänge und verschnörkelte Details sind allerdings eher tabu, wenn Sie sich modern einrichten wollen. Lassen Sie den Stoff für sich sprechen und bleiben Sie bei einfachen Stangen oder verblendeten Schienen für die Aufhängung.

Der Stil eines Vorhangs oder einer Fensterdekoration aus Stoff wird vor allem durch den so genannten Kopf bestimmt: Ein einfaches Kräuselband auf der Rückseite der Gardine lässt den Stoff in weichen Falten fallen; mit Bändern oder Schlaufen aufgehängt, fällt der Vorhang in flachen Bahnen. Die Wahl der Aufhängung ist auch entscheidend für die benötigte Stoffmenge. Und die Länge? Fenster, die nicht zum Boden reichen, sehen meist besser mit Vorhängen aus, die knapp über oder unter dem Fensterbrett enden. In Küche und Bad sind längere Vorhänge ohnehin unpraktisch. Bodenlange Vorhänge oder Drapierungen sind prächtiger – solange sie nicht irgendwo in einer undefinierbaren Höhe zwischen Fensterbank und Boden enden.

Für die Fensterdekoration stehen wesentlich mehr Stoffe zur Auswahl als für Polster. Das Spektrum reicht von leichtem, transparentem Stoff bis hin zu üppigem Samt und Brokat. Durchscheinende Materialien streuen das Licht und können auch bei grellem Sonnenschein angenehm sein. Sie sind ein beliebter Ersatz für die traditionellen Stores. Zwei oder mehr Vorhangschienen ermöglichen einen Schichtenlook: So können Sie Stoffbahnen in verschiedenen Farben kombinieren. Schwerere Stoffe brauchen ein Futter, damit sie schöne Falten werfen und ihre Form behalten.

✽ Fälteln Sie eine Probe des ausgewählten Stoffs mit der Hand, um festzustellen, wie der Faltenwurf die Wirkung des Musters beeinflusst. Einfache Raffungen passen zu leichten Materialien; schwere Stoffe brauchen eine strukturierende Aufhängung.

✽ Denken Sie bei der Auswahl eines Stoffs für die Fensterdekoration auch an die Pflege. Läuft das Material ein? Kann man es in die Waschmaschine stecken oder muss es in die Reinigung? Bleicht es in der Sonne aus? Seide ist anfällig, bei starkem Lichteinfall lässt die Qualität schnell nach.

✽ Die Fensterdekoration erlaubt Ihnen, mit dem Licht im Raum zu spielen. Durchscheinende Farben oder halbtransparente Stoffe verändern das Tageslicht – Pink-, Orange- und Rottöne machen es wärmer, Blau- und Grüntöne haben einen kühleren Effekt.

✽ Mittels moderner Drucktechnik kann eine Stoffbahn zum hinterleuchteten Fensterbild werden – Tag und Nacht ein Zimmer mit Aussicht.

✽ Schöne altmodische Effekte wie Spitzengardinen oder graviertes Fensterglas werden jetzt mit durchbrochenen Acetatfolien neu aufgelegt, die man direkt auf die Scheibe klebt. Oder schreiben Sie Ihr Lieblingsgedicht in Weiß auf eine transparente, selbstklebende Folie und lassen Sie sich beim Blick aus dem Fenster auf neue Art inspirieren.

Fußboden

In einem modernen Interieur sind große Bodenflächen ein starkes Design-Element. Keine Frage: Bodenbeläge sind eine Investition. Hier zählt nicht nur die Optik, sondern auch praktische Überlegungen spielen eine Rolle. Materialien, die strapazierfähig sind und außerdem Farbe und Muster zu bieten haben, wirken belebend und geben ein rundum gutes Gefühl.

Farbe und Muster auf Schritt und Tritt

Nicht nur mit Teppichen und Läufern zaubern Sie Farbe und Muster auf den Boden. Kautschuk oder Vinyl gibt es in leuchtenden, satten Farben, ebenso wie glänzenden Fußbodenlack für Holzdielen. Linoleum kommt in matteren Tönen oder leicht marmoriert daher. Bahnenware – darunter auch Linoleum und Vinyl – gibt es in einer Vielzahl von Mustern. Fliesen, in welchem Format und welcher Zusammenstellung auch immer, sind der Traum für kreative Musterfans.

STOFFSAMMLUNG

✳ Verlängern Sie das Leben der Bodentextilien (Teppiche, Naturfaserbeläge und Läufer) durch eine gute Unterlage. Anti-Rutschmatten sind unter Läufern unerlässlich, um unerwartete Reisen auf dem fliegenden Teppich zu verhindern. Hochwertige Unterlagen machen den Teppich außerdem noch weicher und erhöhen die Wärme- und Trittschallisolierung.

✳ Einige Läufer werden wie Teppichboden als Meterware verkauft. Nehmen Sie ein Musterstück mit nach Hause und legen Sie es an Ort und Stelle aus. Händler hochwertiger Teppiche gestatten eine »Anprobe« in den eigenen vier Wänden, wenn Sie sehen möchten, ob das teure Stück sich dort auch wirklich gut macht.

Beweglichkeit

Viele Bodenbeläge müssen fest verlegt werden. Da kann man nur hoffen, dass das gewählte Material zumindest bis zum übernächsten Modetrend hält. Wenn Sie also eines Morgens aufwachen und eine Veränderung wollen, stoßen Sie hier auf gewisse Grenzen. Teppiche sind da flexibler: Sie können hin und wieder einen anderen Raum damit schmücken, sie weglegen, wenn Sie eine ruhigere Optik brauchen oder den Boden für eine Party freiräumen. Außerdem macht ein Teppich jeden Umzug mit.

Qualität

Wenn Sie einfach schnell etwas Neues um sich haben möchten, spricht nichts gegen preiswerte Teppiche aus der Massenproduktion. Einrichtungshäuser bieten eine breite Auswahl aktueller Designs zu erschwinglichen Preisen, angefangen bei flachen Webteppichen bis zu Hochflorteppichen mit kühnen geometrischen Formen. Die Haltbarkeit des Teppichs hängt von Struktur, Dichte und Art der Fasern ab. Ein langer oder zotteliger Flor ist im Schlafzimmer und in wenig frequentierten Räumen am besten aufgehoben. Für den Flur eignen sich dicht gewebte Wollteppiche besser – die halten einiges aus.

Im gehobenen Marktsegment gehen die Preise steil nach oben. Am teuersten sind handgewebte oder -geknüpfte Teppiche. Dafür sind solche hochwertigen Stücke aber auch eine Investition mit Chance auf Wertzuwachs. Spezialisierte Hersteller verkaufen auch Teppiche nach Entwürfen großer Designer und Künstler wie Eileen Gray oder David Hockney. Wenn Sie einen Teppich dieser Qualität erwerben, folgen Sie nur Ihrem Gefühl. Die übrige Einrichtung können Sie dann immer noch darauf abstimmen.

Proportion

Teppiche sind ideal, um einen Raum zu strukturieren oder zu einer Einheit zu verbinden. So bekommt eine Sitzecke Zusammenhalt oder der Essplatz wird definiert. Suchen Sie einen Teppich auch nach Größe und Form aus: Zu kleine Teppiche wirken oft deplatziert, zu große verschwinden zum Teil unter den Möbeln. Runde Teppiche bringen Bewegung in einen Raum, in dem ansonsten gerade Linien dominieren. Gepunktete oder gestreifte Läufer in leuchtenden Farben sind eine tolle Begrüßung im Eingangsbereich und auf der Treppe – sie wirken als pulsierendes Band, das Wohnbereiche miteinander verknüpft.

Stilikonen

118

Wer sagt, dass Sie unbedingt einem einheitlichen Stil folgen müssen, wenn Sie sich ein zeitgemäßes Zuhause einrichten wollen? Alt und Neu, Klassisch und Modern funktionieren gut zusammen, wenn man die Sache mit Selbstvertrauen und Gespür angeht – erfreulich für all jene, die alte Schätze auf dem Dachboden hüten oder sich gern in Antiquitätengeschäften und auf Flohmärkten umsehen. Wenn Sie auf ein Objekt stoßen, das Sie inspiriert, denken Sie nicht zu lange darüber nach, ob es einem Trend entspricht. Nur Ihr eigener Stil zählt!

Lieblingsmöbel gibt es in allen Formen und Größen: Vielleicht sind es aktuelle Designer-Leuchten, die Ihr Herz höher schlagen lassen, oder Klassiker des 20. Jahrhunderts

STILIKONEN

119

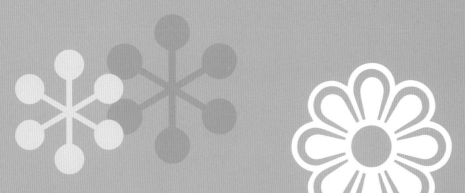

wie die Stühle von Eames oder Panton. Fühlen Sie sich zu dekorativem Porzellan hingezogen, so wie manche nie genug Schuhe haben können? Was es auch ist, stellen Sie es aus und freuen Sie sich daran.

Eine Wohnung mit Charakter und Ausstrahlung entsteht nicht über Nacht. Man kann sie nicht wie einen Baukasten zusammensetzen oder die Einzelteile im Katalog bestellen. Der Spaß besteht ja gerade darin, Neues zu entdecken und in die eigene Sammlung zu integrieren. Unser Leben steht schließlich niemals still – warum sollte es dann mit unserem Zuhause anders sein? Veränderung belebt die Wohnung und verleiht ihr ein unwiderstehlich individuelles Gesicht.

Beleuchtung

Beleuchtungssysteme bestanden eine Zeit lang immer aus unauffälligen, funktionalen Leuchten, die sorgfältig positioniert wurden, um Wände und Decken in strahlende Lichtflächen zu verwandeln. Diese Strategie hat auch weiterhin ihre Berechtigung. Allerdings wird dabei ein wichtiger Aspekt der Beleuchtung vernachlässigt: die Inszenierung. In jüngerer Zeit

geht das Beleuchtungsdesign völlig neue Wege. Inzwischen gibt es eine Reihe Aufsehen erregender, ausladender Leuchten, die sich nicht hinter ihrer Funktion verstecken. Nicht jede Lampe in der Wohnung kann ein Clou sein. Das wäre ermüdend. Aber was könnte einem Raum mehr Glamour und Persönlichkeit verleihen als ein selbstbewusstes Lichtobjekt?

✻ Kronleuchter haben sich längst vom ehrwürdigen Salon emanzipiert – im Schlafzimmer und in der Küche ebenso wie im Wohnzimmer oder im Essbereich sehen sie fantastisch aus. Entscheidend für die Wirkung ist eine angemessene Raumgröße und -höhe. Die hohen Decken in Altbauten oder Treppenhäusern bringen die prunkvollen Lüster besonders gut zur Geltung.

✻ Manche Kronleuchter sind sehr schwer und brauchen eine besondere Aufhängung.

✻ Es gibt auch großartige Alternativen zum Kronleuchter: Jeder Beleuchtungskörper mit vielen einzelnen Lichtpunkten verbreitet eine festliche Stimmung. In vielen Wohnungen gehören Lichterketten über dem Bett oder um das Treppengeländer geschlungen zum ständigen Inventar – nicht nur zur Weihnachtszeit. Einen Schritt weiter gehen Deko-Leuchten in Form von Blütenzweigen, die mit blinkenden Leuchtdioden besetzt sind. Sie werden flach an der Wand installiert.

Lichtakzente

Der Kronleuchter ist wieder da – aber in neuem Gewand! Die über Jahrhunderte beliebte dekorative Leuchte ist im Prinzip ein verzweigter Beleuchtungskörper mit vielen Lichtpunkten. Auch im ausgeschalteten Zustand ist der Lüster ein Schmuckstück, das macht ihn nur noch attraktiver. In traditionellen Designs brechen ringförmig angeordnete Glasprismen oder Kristallperlen und -tropfen das Licht und schaffen ein glitzerndes Ensemble, von dem man schier geblendet ist. In den Händen moderner Designer wird diese Grundform neu interpretiert, und zwar mit höchst originellen Ergebnissen. Die Prismen werden beispielsweise durch Lupen, transparente Filmdosen, Kaskaden von Weingläsern oder andere Seitensprünge der kreativen Fantasie ersetzt. Auch technische Entwicklungen haben sich als fruchtbare Inspirationsquelle erwiesen. Einige Designer weben Kronleuchter aus zartem Fiberglasgespinst.

STILIKONEN

Dekoratives Licht

✻ Dekorative Leuchten tragen zur Gesamthelligkeit meist nicht viel bei. Aber sie haben einen künstlerischen Touch und sind einfach ganz besonders edel. Hier verschmelzen Form und Funktion aufs Beste. Mittlerweile zum Klassiker avanciert ist Tom Dixons Objekt *Jack light*, das er selbst als »Sitz-, Stapel- und Leuchtteil« bezeichnet. Auch der *Lace Cube* (oben rechts) von den Designern McCollin Bryan ist multifunktional, ein von innen erleuchteter Tisch aus Gießharz.

✻ Eine großartige Aktualisierung des Kronleuchters ist *Lightshade Shade* von Jürgen Bey für Droog Design. Ein Zylinder aus beidseitig reflektierender Folie umgibt einen traditionellen Kronleuchter. Der ist nur zu sehen, wenn man das Licht einschaltet.

✻ Sehr stimmungsvoll ist die eigene Lightshow im Wohnzimmer. Es gibt spezielle Programme, mit denen sich Farben, Muster und Bilddurchlaufgeschwindigkeit programmieren lassen. Die Technik ist ein Stilstatement, aber sie ist nicht aufdringlich und bringt schlichte weiße Wände auf magische Weise zum Leuchten.

Die gefragtesten »Antiquitäten« auf dem aktuellen Markt sind eigentlich nicht wirklich alt, eher in den besten Jahren: Sammler haben die zweite Hälfte des 20. Jahrhunderts entdeckt. Bei diesen Objekten geht es nicht nur um die Wertsteigerung, sondern es sind Möbel, mit denen man leben und an denen man Spaß haben kann. Die Grenze zwischen Vintage, Retro und Secondhand war schon immer fließend. Aber seit die Designs aus den 60er- und 70er-Jahren wieder populär sind, ist uns die Vergangenheit dicht auf den Fersen. Neuwertige Originalstücke sind selten, aber viele Designs von Größen des 20. Jahrhunderts wie

Sammlerstücke

Eames, Panton, Saarinen oder Jacobsen werden noch hergestellt. Gutes Design bewahrt nicht nur sein gutes Aussehen, sondern auch den Marktwert. Wenn Sie also plötzlich genug haben sollten von Ihren Sixties-Möbeln, können Sie beim Verkauf immer noch ein gutes Geschäft machen. Ein komplettes Interieur mit Sammlerstücken kann sich allerdings kaum jemand leisten – ein einzelnes, gut gewähltes Stück darf dafür umso stärker auftreten.

STILIKONEN

Richtig kombinieren

Manche Menschen verlieben sich in eine bestimmte Design-Epoche und tun einfach alles dafür, ihr Zuhause bis ins kleinste Detail möglichst authentisch einzurichten. Aber nicht jeder möchte in einem Museum leben. Richtig reizvoll wird das Vintage-Stück eigentlich erst in Kombination mit aktuellen Möbeln. Dann müssen Sie auch nicht jedesmal die Uhr um mehrere Jahrzehnte zurückstellen, wenn Sie nach Hause kommen. Verbinden Sie eine schicke, neue Leuchte mit einem Metalltisch aus den 40ern oder eine hypermoderne Küchenzeile mit Esstisch und Stühlen im Retro-Look. So haben Sie von beidem das Beste. Möbelstücke aus dem vorigen Jahrhundert bringen eine Geschichte mit, sie geben dem Mix Substanz.

Sammeln

❋ Eine gute Sammlung hat etwas Lebendiges, wenn man selbst eine persönliche Beziehung zu den Objekten hat. Kaufen Sie nur Dinge, die Ihnen wirklich gefallen. Sammeln ist Suchen: Ein toller Fund ist einfach viel beglückender als eine fertig durchgestylte Einrichtung.

❋ Wenn Ihre Sammlung eine Gewinn bringende Investition sein soll, informieren Sie sich gründlich. Lesen Sie alles über die Zeit oder den Designer, der Sie interessiert. Der Zustand der Objekte ist sehr wichtig, ebenso die Herkunft. In vielen Fällen zählt nicht nur der Name des Designers, sondern auch der des Herstellers: Viele Möbel-Klassiker haben eine bewegte Produktionsgeschichte und wurden zu verschiedenen Zeiten von unterschiedlichen Firmen in Lizenz hergestellt. Am wertvollsten sind Originalproduktionen und Prototypen.

❋ Das Internet hat den Markt für moderne Klassiker geradezu explodieren lassen. Aber es gibt auch andere gute Quellen: Möbelfirmen, die klassische Designs in Lizenz herstellen, Auktionshäuser (auch die großen Namen spielen hier mit), Händler, die auf Möbel des 20. Jahrhunderts spezialisiert sind, Flohmärkte und sogar Gebrauchtmöbelläden. Es kann sich durchaus lohnen, ländliche Bezirke abseits der großen Städte abzugrasen, wo der Markt noch nicht so heiß gelaufen ist.

STILIKONEN

Alte Designermöbel müssen nicht die Welt kosten. Aber auch hier unterliegen die Preise dem Verhältnis von Angebot und Nachfrage. Für Anbieter wie Habitat gehört es zur Firmenpolitik, Designklassiker zu erschwinglichen Preisen und leicht abgewandelt neu herauszubringen. Allgegenwärtig in englischen Behörden und Schulen war zum Beispiel Robin Days stapelbarer *Polyprop*-Stuhl. Heute gibt es ihn in einer leichteren Version aus transparentem oder bonbonfarbenem Polypropylen. Die große Aufmerksamkeit für gutes Möbeldesign gibt auch jungen Talenten Auftrieb. Halten Sie die Augen offen für interessante neue Entwürfe – vielleicht besitzen Sie bald einen künftigen Klassiker!

STILIKONEN

Details

133

Wer seine Möbel mit Blick auf den Wiederverkaufswert aussucht, entscheidet sich zumeist für einen allgemein beliebten, glatten Stil. Aber ein Zuhause sollte schließlich von der Persönlichkeit seiner Bewohner zeugen – sonst könnten wir ja gleich ins Hotel ziehen! Das Gesamtbild wird auch von kleinen, feinen Details bestimmt. Zeigen Sie, was Ihnen wirklich gefällt und was Sie bewegt.

Präsentieren

Sie brauchen kein professioneller Stylist zu sein, um Dekoratives wirkungsvoll in Szene zu setzen. Es geht gar nicht darum, teure Neuerwerbungen zu präsentieren oder einen perfekten Geschmack zu demonstrieren. Wenn Sie etwas zur Schau stellen, geht es um Ihre Beziehung dazu, auch wenn es sich um ganz nebensächliche Dinge ohne großen materiellen Wert handelt. Es ist wie mit der Kleidermode: Mit dekorativen Objekten können Sie auch auf neue Design-Trends reagieren, ohne sich gleich stilistisch ganz neu zu orientieren. Tauschen Sie die Dinge von Zeit zu Zeit aus, damit das Ambiente lebendig bleibt.

Sammlungen von gemusterten Tellern, handgemachten Gefäßen, gerahmten Fotos oder auch hübschen Kitsch-Spiegeln sehen immer am besten aus, wenn sie als Gruppe an einem exponierten Ort aufgestellt sind, wo man sie als in sich geschlossene Einheit wahrnimmt. Ordnen Sie sie nach Farben oder Themen, geben Sie den Dingen viel Raum zur Entfaltung und lassen Sie Platz für künftige Erwerbungen.

STILIKONEN

Druckdesign

Heute lässt sich fast jedes Material bedrucken. Neue Möglichkeiten wurden zuerst kommerziell für kleine Accessoires und witzige Geschenkartikel wie Becher, Mousepads, Handtaschen und T-Shirts genutzt. Inzwischen gibt es auch digitale Textildrucke in großem Maßstab, die eine wesentlich prägnantere Wirkung haben. So können Sie Bilder auf neue, ungewohnte Medien übertragen und Ihrer Wohnung einen wirklich individuellen Touch geben. Gestalten Sie Ihre vier Wände mit Digitaldrucken auf Stoff, Fliesen, Laminat oder Papier – der Fantasie sind keine Grenzen gesetzt.

Motivsuche

Einige Druckereien und auf das Bedrucken innovativer Materialien spezialisierte Firmen verfügen über eigene Bilddatenbanken. Daraus können Sie eine Abbildung wählen, die zu Ihrer Einrichtung und dem Trägermedium passt, das Ihnen vorschwebt. Zur Auswahl stehen meist abstrakte Muster, Naturformen wie Blüten und Früchte, Landschaften, architektonische Details und auch künstlerische Motive. Oft können Sie die Farbgebung wählen oder ein Bild durch einen Spezialeffekt verändern lassen. Natürlich können Sie auch Ihre eigenen Papierabzüge oder Digtitalbilder professionell verarbeiten und für den Druck vorbereiten lassen.

✻ Wenn Sie ein eigenes Bild für ein Druckdesign verwenden möchten, versuchen Sie die bestmögliche Qualität zu erreichen. Fotos sollten nicht kleiner sein als A5 (14,8 x 21 cm); Digitalbilder sollten eine hohe Auflösung haben (nicht weniger als 300 dpi).

✻ Farbbilder können vierfarbig reproduziert werden, aber auch in Schwarz-Weiß, Sepia oder einem anderen Farbton.

✻ Je stärker das Bild vergrößert wird, desto deutlicher treten die einzelnen Bildpunkte hervor. Das muss die Qualität nicht beeinträchtigen, sondern Sie können die Pixelung auch bewusst als Effekt einsetzen.

STILIKONEN

❃ Sie können bedruckten Stoff für die verschiedensten Zwecke verwenden, zum Beispiel für handgenähte Bettwäsche, Kissen und Vorhänge. Rollos und Raffrollos, die glatt vor dem Fenster hängen, sind ein toller Platz für die Präsentation Ihres Lieblingsbildes. Die Wirkung wird durch Beleuchtung von hinten verstärkt.

❃ Auch Polstermöbel werden durch individuell aufgedruckte Motive zu einem optischen Erlebnis. Die Vergrößerung und fotografische Schärfe des Bildes verleihen dem Möbelstoff eine spektakuläre Wirkung. Spezialfirmen stellen Sessel, Chaiselongues oder auch große Sitzkissen her, die Sie mit dem Design Ihrer Wahl beziehen lassen können.

❃ Digitaldrucke sehen auch großartig als Wandbehang oder Raumteiler aus. Sie können ein Bildmotiv auf Stoffbahnen in verschiedenen Größen drucken lassen oder in mehrere Ausschnitte aufteilen. Sehr dynamisch wirkt eine Reihe von Standbildern aus einem Film nebeneinander gehängt.

Die Praxis

142

Arbeitsplanung

Mit ein paar Tipps können Sie viele Dinge selbst anpacken. Einen Anstrich oder einfache Näharbeiten können die meisten mit Leichtigkeit ausführen; anderes sollte man definitiv Fachleuten überlassen – auf jeden Fall alles, was mit Elektroleitungen zu tun hat.

Heim- oder Handwerker?

Überlegen Sie einmal grundsätzlich, welche Arbeiten Sie selbst übernehmen möchten und können, und wofür Sie einen Handwerker benötigen. Folgende Faktoren spielen dabei eine Rolle:

✳ *Sind Sie ein Do-it-yourself-Typ?* Wenn Sie praktisch veranlagt sind, stellen viele Dekorationsarbeiten wahrscheinlich keine allzu große Herausforderung für Sie dar, selbst wenn Sie bestimmte Sachen noch nie gemacht haben. Aber nicht wenige sagen auch von sich, sie hätten zwei linke Hände und seien nicht gerade mit Engelsgeduld gesegnet. Wenn das für Sie gelten sollte, beauftragen Sie jemanden mit den Arbeiten. Zwingen Sie sich nicht zum Heimwerken – auf lange Sicht geben Sie möglicherweise sogar mehr Geld aus, wenn Ihnen etwas misslingt.

✳ *Zeitplan* Steht Ihnen genug Freizeit für die Ausführung Ihrer Pläne zur Verfügung? Halbfertige Projekte, die sich von Wochenende zu Wochenende hinschleppen, finden häufig keinen zufrieden stellenden Abschluss.

✳ *Gesundheit und Sicherheit* Nehmen Sie Rücksicht auf sich und nehmen Sie Rücksicht auf Ihre Grenzen. Körperliche Arbeit ist für viele ungewohnt. Ein paar Stunden auf einer Leiter, etwa beim Deckenanstrich, verursachen leicht Muskelkater und Rückenschmerzen. Elektro-Arbeiten müssen sicherheitshalber immer von qualifizierten Handwerkern ausgeführt werden.

✳ *Materialkosten* Gerade bei teuren, edlen Materialien überlegen Sie sich vorher genau, ob Ihnen die Arbeit als Laie gelingen wird. Sonst überlassen Sie das wertvolle Gut lieber einem professionellen Handwerker.

✳ *Teamwork* Bitten Sie einen Freund oder eine Freundin um Hilfe. Im Team lässt sich schneller arbeiten – und es macht auch mehr Spaß.

Budget-Planung

Bevor Sie mit den Arbeiten beginnen, setzen Sie einen Gesamtetat für die Renovierung fest, sonst bleibt am Ende einiges liegen, wenn die Kasse leer ist. Rechnen Sie aus, was Sie sich leisten können, was Sie für den errechneten Betrag an Material bekommen und ob damit auch eventuell anfallende Handwerkerrechnungen abgedeckt sind.

✳ Rechnen Sie alles mit ein – Vorbereitung, Anschaffung von Werkzeug und Material, Finish, Geräte, professionelle Hilfe und so weiter. Auch die Leihgebühr für bestimmte Geräte, etwa eine Schleifmaschine, sollten Sie nicht vergessen. Bei Gardinen fallen nicht nur Kosten für den Stoff an, sondern auch für Schienen oder Stangen, Kräuselband und Futter.

✳ Schlagen Sie auf die Summe 10 Prozent als Reserve auf.

✳ Passen Sie die Kosten dem Nutzen an: Wenn Sie bald umziehen, sollte vielleicht auch eine sparsame Lösung genügen.

✳ Berechnen Sie auch die Folgekosten. Müssen Spezialversiegelungen regelmäßig erneuert werden und bestimmte Stoffe in die Reinigung?

✳ Wenn Ihr Modell zu teuer zu werden droht, durchdenken Sie Ihre Pläne noch einmal, um zu einer günstigeren Lösung zu kommen. Versuchen Sie aber, nicht bei der Qualität des Materials zu sparen.

Handwerker beauftragen

Die verschiedensten Handwerker sind für die Ausstattung von Wohnräumen ausgebildet – vom Stuckateur bis zum Maler, vom Dekorateur bis zum Bodenleger. Manche sind zudem auf bestimmte Materialien wie Stein spezialisiert. Wenn Sie einen sehr speziellen Auftrag zu vergeben haben, verlassen Sie sich nicht auf einen Allrounder.

✳ Lassen Sie sich gute Handwerker empfehlen. Viele Geschäfte und Kaufhäuser arbeiten mit festen Partnern, das ist fast immer ein Hinweis auf gute Leistung. Außerdem können Sie über das Internet Betriebe in Ihrer Nähe finden, und natürlich in den Gelben Seiten.

✳ Empfehlenswert sind Betriebe, die der Handwerkerinnung angehören, weil sie an bestimmte Standards gebunden sind.

✳ Lassen Sie sich Referenzbeispiele zeigen, bevor Sie größere Arbeiten in Auftrag geben.

✳ Holen Sie mehrere Angebote ein und vergleichen Sie. Am Ende zählt aber nicht nur der Preis, also suchen Sie nicht einfach nach dem günstigsten Kostenvoranschlag.

✳ Erläutern Sie genau, was Sie möchten. Formulieren Sie den Auftrag klar und detailliert. Nur so können Sie bekommen, was Ihnen vorschwebt. Bleiben Sie bei Ihrem Plan, sonst explodieren die Kosten.

✳ Halten Sie alles schriftlich fest und bewahren Sie Rechnungen und Lieferscheine auf.

✳ Zahlen Sie evtl. einen kleinen Vorschuss für das Material, aber der Löwenanteil sollte erst nach Abschluss der Arbeiten gezahlt werden.

✳ Gute Handwerker haben meist kurzfristig keine Termine frei. Vergeben Sie den Auftrag deswegen aber nicht an einen weniger qualifizierten Betrieb. Fixieren Sie Beginn und Abschluss der Arbeiten genau.

Baustelle in der Wohnung

Bei der Renovierung kommt man um ein paar Unbequemlichkeiten nicht herum. Stellen Sie sich darauf ein, mit welchen Störungen Sie rechnen müssen und wie lange sie anhalten werden.

✳ Legen Sie fest, wo Werkzeug und Material abends verstaut werden.

✳ Einige Arbeiten führen zu stärkeren Beeinträchtigungen. So verursachen Abschleifen und Verputzen viel Staub und Schmutz. Besprechen Sie mit den Handwerkern, wie sie die Baustelle am Abend hinterlassen sollen. Beharren Sie aber nicht auf zeitraubenden Reinlichkeitsstandards.

✳ Mischen Sie sich nicht ein und schauen Sie dem Dekorateur nicht über die Schulter. Inspizieren Sie die Arbeiten am Ende eines Tages und stellen Sie dann Ihre Fragen. Aber bleiben Sie in der Nähe oder telefonisch erreichbar, falls Entscheidungen zu treffen sind.

✳ Ermöglichen Sie den Zugang zu Küche und Bad.

✳ Bringen Sie vor Beginn der Arbeiten Zerbrechliches oder Wertvolles in Sicherheit.

DIE PRAXIS

Den Untergrund vorbereiten

Streichen, Tapezieren und Kacheln sind die Standardarbeiten zur Dekoration der Wände. Für gute Ergebnisse müssen die Flächen sorgfältig präpariert werden. Diese Arbeit erfordert bei einer Wandgestaltung den größten Aufwand – der Schlussanstrich ist nur das Tüpfelchen auf dem »i«. Eine sorgfältige Vorbereitung ist das Zünglein an der Waage zwischen einem passablen und einem guten Ergebnis.

Vorbereitungen

✳ Entfernen Sie alle wertvollen und zerbrechlichen Gegenstände aus dem Zimmer. Räumen Sie auch möglichst viele Möbel weg. Was übrig bleibt, stellen Sie auf eine Seite oder in die Mitte des Zimmers und decken es vollständig mit Tüchern oder Plastikplanen ab. Bedecken Sie möglichst den ganzen Boden mit Tüchern oder Folien, um ihn vor Flecken und Spritzern zu schützen. Achten Sie genau darauf, dass die Schuhsohlen sauber sind, wenn Sie in ungeschützte Bereiche gehen.

✳ Fegen oder saugen Sie Wände und Decke ab, um Spinnweben, Staub und losen Putz zu entfernen.

✳ Untersuchen Sie die Oberflächen auf Risse, Löcher und Unebenheiten. Bessern Sie diese mithilfe eines Malerspachtels und Gips oder anderer geeigneter Spachtelmasse aus. Die Stellen müssen trocknen, mehrmals geschliffen und wieder aufgefüllt werden, bis die Wand glatt und eben ist. Stark saugender oder sandender Grund muss mit Tiefgrundierung verdichtet und dann geglättet werden.

✳ Waschen Sie die Wände mit warmem Wasser und einem milden Spülmittel ab, das nicht scheuert und nicht schäumt. Damit werden Fett, Schmutz und mögliche Schleifrückstände entfernt.

✳ Wände mit größeren Schäden oder Unebenheiten erfordern größeren Aufwand. Gegebenenfalls beauftragen Sie einen Stuckateur, um den Feinputz aufzubringen und alle Unregelmäßigkeiten auszugleichen. Bei gut haftfähigem Untergrund und wenn eine Spezialtapete geplant ist, kann man die Wand mit flüssiger oder fester Makulatur präparieren.

Holzteile und Zierleisten

Egal ob Sie die Wände streichen oder tapezieren, in jedem Fall müssen Holzteile (Türen, Tür- und Fensterrahmen, Sockelleiste etc.) und alle Zierleisten und Stuckaturen vorbereitet werden, bevor Sie fortfahren.

✳ Zierleisten, Stuckprofile und -ornamente sind oft mit mehreren Farbschichten überzogen. Entfernen Sie sie mit chemischen Abbeizmitteln oder einer Heißluftpistole. Planen Sie für diesen Arbeitsschritt viel Zeit ein. Nur scharfe Konturen führen zu einem perfekten Finish. Bearbeiten Sie kleine Risse mit einer Zahnbürste oder einem ähnlichen Werkzeug.

✳ Füllen Sie Risse oder Löcher in den Leisten mit passender Spachtelmasse und schmirgeln sie nach dem Trocknen glatt.

✳ Vor allem glänzende Oberflächen müssen leicht angeschliffen werden, damit der neue Anstrich besser haftet.

✳ Wischen Sie die bearbeiteten Untergründe nach dem Schleifen mit einem feuchten Tuch nach, um Staub und sonstige Rückstände zu entfernen.

Tapeten ablösen

Das Ablösen der Tapeten ist keine Arbeit für Zaghafte. Man braucht dazu viel Geduld, Körperkraft und spezielles Werkzeug. Je nach Tapetentyp kommen unterschiedliche Methoden in Frage – Vorweichen und Abkratzen, Ablösen mit Dampf oder speziellem Tapetenlöser. Schützen Sie in jedem Fall den Boden mit einer wasserfesten Kunststoffplane und decken Sie Möbel ab, die Sie nicht wegräumen können. Mehrschichtig geklebte oder angestrichene Tapete sowie solche von schwerer Qualität oder Prägetapeten erhöhen den Aufwand.

GRUNDTECHNIK

✳ Ritzen Sie die Tapete mit einer Nadelwalze oder einem Kratzmesser an. Drücken Sie nicht zu fest auf, um den darunter liegenden Putz nicht zu beschädigen.

✳ Füllen Sie einen Eimer mit heißem Wasser und geben Sie etwas Spülmittel hinein. Mit einem Schwamm reiben Sie die Lauge auf die Tapete und lassen sie eine halbe Stunde weichen. Wiederholen Sie das Ganze mehrfach, damit sich der Kleister auflöst. Danach lässt sich die Tapete abziehen oder mit einem Spachtel lösen.

ABLÖSEN MIT DAMPF

✳ Ritzen Sie die Tapete wie oben beschrieben an.

✳ Ein Dampfgerät zum Lösen von Tapeten können Sie ausleihen. Das eingefüllte Wasser wird erhitzt, sodass der Dampf aus einer flachen Platte austritt, die Sie an der Wand entlangführen.

✳ Wenn die Tapete sich gelöst hat, ziehen Sie sie ab.

CHEMIE

Die Produkte reichen von chemischen Abbeizern bis zu Systemen, bei denen man mit einer chemischen Lösung getränkte Papierbahnen auf die Wand aufbringt, um den Kleister zu lösen.

VINYLTAPETE

Bei neueren Vinyltapeten lässt sich die obere Schicht trocken abziehen. Das strukturierte Trägerpapier bleibt an der Wand oder kann wie andere Tapeten mit Lauge angelöst und entfernt werden.

Sicherheit

Beim Vorbereiten der Untergründe kann jede Menge Schmutz und Staub entstehen. Schützen Sie sich daher, indem Sie alte Kleidung und Schuhe anziehen. Tragen Sie außerdem Gummihandschuhe, wenn Sie mit Chemikalien hantieren und schützen Sie Ihre Augen mit einer Sicherheitsbrille. Gegen den Staub empfiehlt sich eine Atemschutzmaske. Benutzen Sie bei Arbeiten in der Höhe nur stabile, fest stehende Leitern und lassen Sie sie am besten von jemandem festhalten.

Wände und Decken streichen

Ist der Untergrund erst einmal sorgfältig vorbereitet, gelingt ein guter Anstrich leicht. Eine Grundierung versiegelt die Oberfläche und schafft eine neutrale Basis für den mehrschichtigen Farbaufbau.

Farbtypen

✳ *Grundierung (Primer)* Versiegelt nackten Putz und deckt – sofern pigmenthaltig – dunkle oder kräftige Farben sowie Flecken ab. Bei Primern auf Ölbasis müssen Werkzeug und Pinsel mit Terpentinersatz gereinigt werden, der nicht in den Hausmüll gehört. Für den Endanstrich kann Lack wie Dispersionsfarbe verwendet werden.

✳ *Dispersionsfarbe* Farbe auf Wasserbasis, die in riesiger Farbauswahl erhältlich ist, aber auch leicht individuell abgetönt werden kann. Leicht zu verarbeiten und schnell trocknend. Pinsel und Werkzeug werden mit Wasser und etwas Spülmittel, Farbrollen am besten unter fließendem Wasser gereinigt.

✳ *Lack* Von matt über seidenmatt bis hochglänzend gibt es Lack auf Öl- oder Wasserbasis. Lack ist haltbarer als Dispersionsfarbe und daher gut für strapazierte Holzteile, Fenster und Türen geeignet. Naturharzlack ist sehr stabil, ebenso wie der günstigere aber schadstofffreichere Kunstharzlack. Als Verdünner bzw. Reiniger wird Terpentinersatz verwendet. Acryllack ist schadstoffarm und wasserlöslich, daher auch umweltfreundlicher.

✳ *Küchen- und Badezimmerfarbe* Farbe auf Wasserbasis, die wegen ihrer Zusammensetzung besonders für Feuchträume geeignet ist.

✳ *Spezial- oder historischer Farbanstrich* Kalk- und Leimfarbe sowie viele andere traditionelle Anstriche sind bei Spezialhändlern erhältlich. Sie sind etwas schwieriger aufzutragen als konventionelle Farben. Bei manchen müssen zuvor alle modernen Dispersionen von der Wand entfernt werden.

✳ *Ökologische Farben* Diese Farben werden mit nur geringem Lösemittelgehalt hergestellt und sind daher schadstoffarm und umweltfreundlich.

Wie viel Farbe?

Auf den meisten Farbdosen und -eimern steht, für welche Fläche sie durchschnittlich ausreichen. Bedenken Sie, dass einige Oberflächen stärker saugen als andere; auch stark farbige oder strukturierte Oberflächen erfordern mehrere Schichten. Für die Berechnung werden alle Flächen in Rechtecke aufgeteilt, sodass auch die Wand über und unter Fenstern und Türen leicht zu vermaßen ist. Länge und Breite aller Rechtecke multiplizieren, die Ergebnisse addieren. Runden Sie großzügig auf, denn wenn die Farbe nicht reicht, ist es schwer, noch einmal den gleichen Farbton zu treffen. Außerdem kann es nicht schaden, einen Rest für spätere Reparaturen aufzubewahren.

Malerwerkzeug

Besorgen Sie möglichst hochwertiges Werkzeug. Billige Pinsel verlieren Haare und erzeugen eine streifige Oberfläche; billige Farbrollen gehen schnell kaputt und fangen an zu bröseln. Die besten Pinsel sind aus Naturborsten. Auch für Farbrollen sind Naturfasern das beste Material, zum Beispiel Lammfell. Reinigen Sie die Werkzeuge nach Gebrauch sorgfältig. Wenn Sie die Arbeit nur kurz unterbrechen (bis zu einer Stunde), wickeln Sie Pinsel oder Rollen in Alufolie oder eine Plastiktüte, damit sie nicht austrocknen.

✳ *Pinsel* Sie brauchen verschiedene Größen. Schmale Pinsel (25 und 50 mm) eignen sich für Leisten; breitere (100 oder 150 mm) für Wände und Decken. Mit einem langstieligen Heizkörperpinsel können Sie auch bequem alle Ecken und Kanten oder verdeckte Wandflächen streichen.

✳ *Farbroller* Große Flor- oder Lammwoll-Rollen (bis 27 cm breit) sind gut für Dispersionsfarben, weil sie in kürzester Zeit große Flächen abdecken. Oft entsteht eine leichte Struktur, die nicht nach jedermanns Geschmack ist. Kleinere Rollen aus Schaumstoff sind für Lack geeignet.

✳ *Farbeimer* Ein Eimer mit Henkel, in den aus größeren Gebinden kleine Mengen Farbe abgefüllt werden. Dazu ein Abstreifgitter für Farbrollen bzw. Lackierschalen.

✳ *Abdeckung* Folie und Malerband, um das Übermalen z.B. auf die Fensterscheibe oder den Boden zu verhindern.

Grundtechniken

Anstreichen ist nicht schwer, aber die Kunst besteht darin, eine gleichmäßige, glatte Beschichtung herzustellen. Arbeiten Sie in überschaubaren Abschnitten, die Sie in der verfügbaren Zeit fertig stellen können, hören Sie nicht in der Mitte der Wand auf und versuchen Sie nie, die Arbeit zu beschleunigen, indem Sie die Farbe dicker auftragen.

✳ *Dispersionsfarbe mit dem Pinsel auftragen* Arbeiten Sie sich in horizontalen Etappen von etwa 60 cm wor. Beginnen Sie oben an der Wand und arbeiten Sie Streifen für Streifen abwärts. Verstreichen Sie die Farbe, die Sie mit dem Pinsel aufnehmen, zunächst in alle Richtungen. Wenn der Pinsel schon etwas trocken wird, verteilen Sie sie mit kreuzweisen Strichen und enden in einem Aufwärtsstrich.

✳ *Dispersionsfarbe mit der Rolle auftragen* Füllen Sie den Farbeimer zu einem Drittel mit Farbe, tauchen Sie die Rolle ein und fahren Sie dann damit über das Abstreifgitter, um die überschüssige Farbe abtropfen zu lassen. Rollen Sie die Farbe mit gleichmäßigem, sanftem Druck auf die Wand. Wenn die Rolle trocken wird, gehen Sie mit geraden Aufwärtsstrichen über den schon gemalten Abschnitt.

✳ *Lack mit dem Pinsel auftragen* Beginnen Sie oben und setzen Sie jeweils drei senkrechte Striche nebeneinander, der Abstand sollte etwas schmaler sein als der Pinsel. Sobald die Farbe verläuft, streichen Sie quer über die Streifen, um die Abstände zu füllen. Arbeiten Sie von oben nach unten und ziehen den Pinsel stets in Richtung einer feuchten Kante.

Reihenfolge des Anstrichs

✳ Beginnen Sie mit der Decke. Malen Sie in Streifen und beginnen Sie bei der Hauptquelle des natürlichen Lichteinfalls, also am Fenster.

✳ Streichen Sie als nächstes die Wände, indem Sie in einer Ecke nahe dem Fenster beginnen und sich in Streifen oder Blöcken von 60 cm Breite bzw. Seitenlänge von oben nach unten vorwärts arbeiten.

✳ Zum Schluss grundieren und streichen Sie Holzteile, Fensterrahmen und Türen. Streichen Sie glatte Türen von oben nach unten, zuletzt die Türzarge. Bei einer Kassettentür streichen Sie zuerst die Füllungen von oben nach unten, dann den Rahmen. Streichen Sie die Einfassung der Verglasung, bevor Sie den Rahmen lackieren.

Tapezieren

Tapezieren ist komplizierter als Streichen, und hier können kleine Fehler schnell kostspielig werden. Die teuersten Tapeten, zum Beispiel handgedruckte Dessins, sind am schwersten zu verarbeiten. Auch das Anbringen von groß gemusterten Tapeten setzt etwas Übung voraus.

Papier und Kleister

Messen Sie Höhe und Breite aller Wände. Rechnen Sie Türen und Fenster in Standardgrößen zunächst mit und lassen nur große Öffnungen wie Terrassentüren aus. Dann rechnen Sie mithilfe entsprechender Tabellen (in Musterbüchern, im Laden, beim Lieferanten oder im Internet erhältlich) aus, wie viele Tapetenrollen Sie brauchen.

Die Eurorolle hat Normmaße (Länge 10,05 m, Breite 0,53 m), es gibt aber auch Tapeten in anderen Formaten. Wenn das Motiv sehr groß ist, brauchen Sie mehr Rollen. Achten Sie darauf, dass alle Rollen aus derselben Partie stammen, damit die Farben exakt übereinstimmen.

Verwenden Sie den Kleister, den der Tapetenhersteller empfiehlt. Schwere Tapeten brauchen eine stärkere Verklebung. Die meisten Tapeten (außer Vinyl) müssen nach dem Einkleistern 10 bis 15 Minuten vorweichen, damit sie sich ausdehnen – schließlich sollen sie das nicht erst an der Wand tun und das Muster durcheinander bringen.

Tapezieren

✳ Bereiten Sie den Untergrund vor wie auf S. 143 beschrieben. Die besten Ergebnisse erzielen Sie, wenn Sie zuerst die Decke streichen und dann die Wände mit Makulatur bekleben.

✳ Das brauchen Sie: Einen Tapeziertisch, eine Kleisterbürste, einen Eimer zum Anmischen des Kleisters, Tapezierschere, Cuttermesser, Nahtroller, Lot und Wasserwaage, Schwamm und eine breite Tapezierbürste (25 cm). Besorgen Sie ausreichend Kleister, lassen Sie sich dafür im Fachhandel oder Baumarkt beraten.

✳ Bevor Sie beginnen, ziehen Sie mit Bleistift und Lot exakte senkrechte Linien im Abstand der Rollenbreite: Freihändiges Tapezieren geht im wörtlichen Sinne schief, da nicht alle Wände genau senkrecht stehen und unter Umständen ein verlässlicher Orientierungspunkt fehlt.

✳ Rollen Sie die Tapete mit der Musterseite nach unten auf dem Tapeziertisch aus. Dann schneiden Sie die erste Bahn in der richtigen Länge zu und geben insgesamt 10 cm als Beschnitt zu.

✳ Drehen Sie die Tapete um und rollen Sie die nächste Bahn aus. Achten Sie dabei auf den richtigen Musterversatz. Schneiden Sie auf diese Weise mehrere Bahnen in gleicher Länge und nummerieren Sie sie auf der Rückseite in der richtigen Reihenfolge.

✳ Rühren Sie den Kleister nach Anweisung an.

✳ Legen Sie nun die erste Bahn mit dem Muster nach unten auf den Tapeziertisch und markieren Sie, wo der obere Rand sein soll. Tragen Sie dann von der Mitte nach außen eine dünne Schicht Kleister auf. Sollte Kleister auf den Tisch (oder anderswohin) kleckern, wischen Sie ihn sofort mit dem Schwamm ab.

✳ Falten Sie die eingekleisterte Bahn nun vorsichtig so, dass die klebenden Seiten auf jeweils 1 m Länge aufeinanderliegen und die Tapete wie eine Ziehharmonika gewellt (aber nicht geknickt!) vor Ihnen liegt.

✳ Lassen Sie die Tapete die empfohlene Zeit vorweichen.

✳ Richten Sie die Kante der ersten Bahn an der Bleistiftlinie an der Wand aus und lassen Sie oben und unten 5 cm für den Beschnitt überstehen. Drücken Sie den oberen Teil der Tapete mit der Hand oder der Bürste vorsichtig an.

✳ Beginnen Sie neben dem Hauptfenster und arbeiten vom Licht weg, damit die Ränder der Bahnen möglichst unauffällig ineinander übergehen. Bei einer Tapete mit großem Muster allerdings fangen Sie in der Mitte einer Wand an und arbeiten sich zu den Ecken vor. So gelingt es am besten, die Muster exakt nebeneinander fortzusetzen (Rapport).

✳ Entfalten Sie nun den unteren Teil der Bahn und streichen Sie sie von innen nach außen mit der Bürste glatt. Achten Sie auf Falten und Luftblasen. Wenn sich eine Blase nicht ausstreichen lässt, stechen Sie mit einer Nadel hinein, um die Luft herauszudrücken, bevor die Tapete trocknet und fest an der Wand haftet.

✳ Für die Feinanpassung knicken Sie den Überstand oben und unten ab, indem Sie die Tapete am Übergang zur Decke bzw. zur Fußleiste mit dem Scherenrücken festdrücken.

✳ Gehen Sie bei der nächsten Bahn ebenso vor. Achten Sie darauf, dass das Muster richtig anschließt.

✳ Nachdem Sie einige Bahnen aufgehängt haben, fahren Sie mit dem Nahtroller über die Kanten, damit alles sauber passt. Um die Überstände oben und unten abzuschneiden, ziehen Sie die Ränder von der Wand, sodass Sie sie exakt abschneiden können.

✳ Um Ecken zu tapezieren, messen Sie den Abstand zwischen der letzten vollen Breite und der Ecke aus und geben 13 mm als Überstand zu. Schneiden Sie eine Bahn auf diese Breite zu. Kleistern Sie sie ein und bringen sie an. Benutzen Sie den abgeschnittenen Teil als erste Bahn auf der angrenzenden Wand. Messen Sie die Breite dieses Abschnitts aus und zeichnen Sie in diesem Abstand von der Ecke eine senkrechte Linie. Dann richten Sie die rechte Kante der Teilbahn an dieser Linie aus.

✳ Wenn Sie um Lichtschalter oder Steckdosen herum tapezieren müssen, drehen Sie die Sicherung heraus und nehmen die Abdeckung ab. Tapezieren Sie bis über den Schalter oder die Dose, stechen dann die Tapete über der Mitte des Hohlraums durch und schneiden das Papier kreuzweise so aus, dass Sie die Laschen nach innen drücken können und Schalter bzw. Stecker frei liegen. Anschließend stecken Sie die Abdeckung wieder auf und bringen den Rest der Bahn an.

✳ Für das Tapezieren rund um Fenster und Türen hängen Sie eine Bahn auf und streichen Sie sie in Richtung des Rahmens fest. Machen Sie dann einen diagonalen Schnitt zum Rahmen hin und schneiden Sie die Tapete anschließend um den Rahmen mit dem Cuttermesser zurecht.

Stoff und Innendekoration

Sie brauchen keine Schneiderlehre, um kreativ mit Stoffen umzugehen. Einen Kissenbezug, eine Tischdecke oder eine einfache Fensterdekoration herzustellen ist keine Zauberei. Vielleicht möchten Sie danach auch anspruchsvollere Aufgaben in Angriff nehmen. Wenn Sie allerdings unsicher sind, ob Ihnen der Polsterbezug oder die schicken Vorhänge mit allem Drum und Dran auch so gelingen, wie Sie es sich vorstellen, investieren Sie etwas mehr und geben diese Arbeiten in die Hände von Profis.

Stoffarten

Überlegen Sie schon bei der Auswahl, ob der Stoff in Gewicht und Art zum vorgesehenen Zweck passt. Notieren Sie sich die Zusammensetzung, die Empfehlungen für Reinigung und Pflege und ob der Stoff leicht einläuft oder ausbleicht. Die Farben können von Partie zu Partie variieren, kaufen Sie also immer etwas mehr, als Sie tatsächlich brauchen.

✳ *Acetat* Kunstfaser mit ähnlichen Eigenschaften wie Seide, aber weniger empfindlich. Zum Beispiel bleicht das Material nicht so schnell aus. Gut als Futterstoff geeignet.

✳ *Batist* Dichtes Baumwoll-, Leinen- oder Viskosegewebe mit einer glänzenden Seite.

✳ *Baumwolle* Vielseitige Naturfaser, die sich problemlos färben und bedrucken lässt. Es gibt verschiedene Oberflächenbehandlungen für Baumwolle, und sie kann zudem mit Kunstfasern gemischt werden. Gewachste Baumwolle ist ein schweres Gewebe, das sich für ungenähte Vorhänge eignet. Linon ist ein Leinenimitat aus Baumwolle.

✳ *Brokat* Aufwändig gewebter Stoff mit erhabenen (Jacquard-)Mustern und opulenter Optik. Hergestellt aus Seide, Wolle, Baumwolle oder Mischgeweben mit Gold-, Silber- oder Lurexfäden.

✳ *Chintz* Traditioneller Polsterstoff aus Baumwolle, oft mit Floral- oder Vogelmuster. Unbeschichteter Chintz wird Cretonne genannt. Beschichteter Chintz ist einseitig mit einer Harzappretur versehen, die ihm einen weichen Schimmer verleiht und staubabweisend ist.

✳ *Damast* Gewebter Stoff mit Jacquardmuster, das je nach Lichteinfall sichtbar wird. Der Stoff ist beidseitig verwendbar, das Material variiert: Seide, Leinen, Baumwolle, Rayon oder Mischgewebe.

✳ *Drell* Baumwolle oder Leinen in fester Fischgratbindung gewebt. Der Stoff wird traditionell für Matratzenbezüge verwendet, oft mit schmalen schwarzen oder blauen Streifen auf weißem Grund. Ein sehr robustes und strapazierfähiges Material.

✳ *Dupion* Indische Seide mit unregelmäßiger Struktur, heute auch aus Viskose oder Acetat hergestellt.

✳ *Gingham* Preiswerter Baumwollstoff mit frechem Karomuster (eine einzelne Farbe mit Weiß)

✳ *Leinen* Naturfaser aus Flachs, in verschiedenen Bindungen und Oberflächenbehandlungen erhältlich. Leinen ist sehr haltbar, knittert aber leicht. Halbleinen ist ein strapazierfähiges Gemisch aus Leinen und Baumwolle.

✳ *Moiré* Stoff (oft Seide) mit geflammtem oder Wellenmuster; synthetischer Moiré wird aus Acetat hergestellt.

✳ *Musselin* Leichter, strapazierfähiger und preiswerter Stoff aus reiner Baumwolle; gewöhnlich weiß oder gebrochen weiß. Geeignet für Gardinen und Drapierungen.

✳ *Organdy* Sehr leichter aber strapazierfähiger Stoff aus Baumwolle oder Kunstfaser. Durch Spezialbehandlung steif und opalisierend.

✳ *Polyester* Kunstfaser mit guten Hängeeigenschaften; oft in Mischgeweben mit Baumwolle, um das Knittern zu verringern.

✳ *Samt* Stoff mit einem dichten weichen Flor auf einer Seite. Kann aus Seide, Baumwolle, Polyester und Rayon hergestellt werden.

✳ *Satin* Stoff, der auf einer Seite stark glänzt. Seidensatin ist teuer, Baumwollsatin erschwinglicher und praktischer.

✳ *Segeltuch* Grob gewebtes, festes Baumwoll- oder Baumwoll-Leinen-Gemisch, das es in verschiedenen Breiten gibt. Gut geeignet für Rollos.

✳ *Seide* Der edelste unter den traditionellen Möbelstoffen, hergestellt aus den Fasern der Seidenraupenkokons. Seide lässt sich sehr gut färben und ist weich und haltbar. Aber sie ist teuer und wird brüchig, wenn sie starkem Sonnenlicht ausgesetzt ist.

✳ *Spitze* Zarter durchbrochener Stoff; traditionelle Handarbeit aus Leinenfäden. Handgemachte Spitze ist sehr teuer; wesentlich günstiger sind maschinell hergestellte Spitzen aus Baumwolle oder Mischgeweben.

✳ *Taft* Steife Seide oder Kunstseide; beidseitig glatt und glänzend.

✳ *Viskose* Leicht glänzende, baumwollähnliche Kunstfaser, oft in Mischgeweben mit Baumwolle und Seide.

✳ *Voile* Dünner, weicher und durchsichtiger Stoff, oft aus Polyester.

Kissenhüllen

Kissenhüllen jeder Größe kann man auch ohne große Übung nähen. Wenn Sie den Bezug zum Waschen abnehmen möchten, brauchen Sie einen einfachen Verschluss – Bänder oder Knöpfe.

✳ Berechnen Sie den Stoffbedarf. Dazu messen Sie das Kissen mittig von Kante zu Kante aus und addieren 3 cm (1,5 cm je Seite) für die Nähte. Wenn das Kissen prall und bauschig sein soll, fertigen Sie den Bezug 2,5 cm schmaler als das Kissen.

✳ Schneiden Sie zwei Stoffstücke in der richtigen Größe zu und stecken Sie sie an drei Seiten rechts auf rechts.

DIE PRAXIS

❋ Nähen Sie den Bezug an drei Seiten zusammen. Lassen Sie eine Seite offen, um das Kissen hineinzuschieben. Mit der Maschine werden die Nähte fester als mit der Hand.

❋ Soll der Bezug abnehmbar sein, nähen Sie die Öffnung auf beiden Seiten um und nähen Sie Stoffbänder an, die zu Schleifen gebunden werden können. Für eine Knopfleiste können Sie mit den meisten Nähmaschinen Knopflöcher nähen. Soll der Bezug nicht abnehmbar sein, schlagen Sie die Kanten der Öffnung nach innen und nähen sie per Hand zu, nachdem Sie das Kissen hineingeschoben haben.

Fenster und Rollos

Für die Fensterdekoration gibt es eine große Bandbreite an Möglichkeiten: von einfachen vorgefertigten Gardinenschals oder Rollos bis hin zu noblen gefütterten Vorhängen mit Plissee- oder Faltenköpfchen. Es sind viele Variablen zu bedenken, von der Art des Köpfchens bis zur Wahl des Aufhängesystems und der bevorzugten Länge. Überlegen Sie zuerst, welche Wirkung Sie erzielen möchten und was zum Raum passt. Dementsprechend fällt die Stoffmenge aus, die sie brauchen.

FENSTER AUSMESSEN

Ein genaues Ausmessen ist unerlässlich, ob Sie nun selbst eine Fensterdekoration nähen oder jemanden beauftragen, der Rollos oder Vorhänge für Sie anfertigt. Bedenken Sie dabei folgende Punkte:

❋ Soll die Gardine innerhalb des Fensterrahmens hängen oder ihn überdecken?

❋ Wie lang und wie breit sollen die Vorhänge sein, wenn Sie sich für eine solche Lösung entscheiden? Sollen die geöffneten Vorhänge das Fenster frei lassen oder es auf beiden Seiten etwas abdecken? Danach entscheidet sich die Breite der Aufhängung.

❋ Möchten Sie eine Gardinenstange verwenden, berechnen Sie die Länge des Vorhangs vom unteren Saum bis zu den Ringen, nicht bis zur Stange. Addieren Sie zur Länge stets die gewünschte Saumbreite und die Nahtzugaben.

❋ Lassen Sie sich beim Vermaßen helfen, besonders, wenn Sie sehr hohe oder sehr breite Fenster ausmessen und wenn Sie eine Trittleiter brauchen.

❋ Zwei gleiche Fenster haben nicht immer auch gleiche Maße, speziell wenn es sich um Altbaufenster handelt. Messen Sie daher jedes Fenster einzeln aus.

❋ Für Vorhänge oder Jalousien, die innerhalb des Fensterrahmens oder der Fensternische angebracht sind, messen Sie die Breite oben, in der Mitte und unmittelbar über der Fensterbank und wählen Sie das schmalste Maß als endgültige Breite.

❋ Bei Fensterdekorationen, die seitlich des Fensterrahmens hängen, denken Sie daran, genügend Stoff zuzugeben.

❋ Raffrollos brauchen oben eine Extrazugabe. Geben Sie hier in der Länge 20 cm zu.

❋ Wenn die Vorhänge sich in der Mitte überlappen sollen, geben Sie bei jedem Vorhang bzw. Schal 8 cm zu.

❋ Wenn Sie mehrere Bahnen zusammennähen müssen, um die gewünschte Breite zu erhalten, denken Sie auch an die Nahtzugabe.

❋ Vorhänge, die bis zum Fensterbrett reichen: Messen Sie von der Höhe der Befestigung bis 5 cm oberhalb des Fensterbretts plus Nahtzugabe.

❋ Vorhänge, die das Fensterbrett bedecken: Nehmen Sie 8 oder 10 cm unterhalb des Fensterbretts Maß plus Nahtzugabe.

❋ Bodenlange Vorhänge: Lassen Sie 1 cm Abstand zum Boden. Bei doppelten Vorhängen sollte das innere Paar 1 cm kürzer sein als das äußere.

❋ Wenn Sie gemusterte Bahnen aneinander setzen, messen Sie den Abstand zwischen dem Beginn eines Motivs und dem Anfang des nächsten und rechnen Sie dieses Maß zur Länge jeder Stoffbahn hinzu. Die Reserve garantiert, dass der Rapport nicht unterbrochen wird.

KÖPFCHEN UND BREITE

Ein Vorhang besteht üblicherweise aus mehreren zusammengenähten Bahnen. Die Wahl des Köpfchens, also der Raffung oder Fältelung an der Oberkante des Vorhangs, bestimmt die Stoffmenge, die Sie benötigen, damit die erforderliche Fülle entsteht. Die Stoffbreite bezieht sich stets auf die Länge der Schiene oder Gardinenstange und nicht auf die Breite des Fensters.

Die einfachsten Köpfchen funktionieren mit einem Tunnel, durch den ein Stab oder ein gespannter Draht gezogen wird. Dafür wird der Stoff oben umgeschlagen. Eine andere Variante ist die Aufhängung an Bändern oder Schlaufen, durch die die Stange gesteckt wird. Wenig Aufwand macht es auch, die Stoffbahn einfach mit Klammern an einem Rundstab zu befestigen. Diese Art der Dekoration wirkt im Allgemeinen weniger füllig als die im folgenden beschriebenen. Die Bahnen fallen meist glatt und mit wenig Faltenwurf.

❋ Eine Standardaufhängung mit Kräuselband braucht Stoff in der anderthalb- bis zweifachen Breite der Schiene.

❋ Für Bleistiftfalten muss der Stoff zweieinhalb- bis dreimal so breit sein wie die Schiene.

❋ Für Quetschfalten wird die zweifache Schienenbreite benötigt.

❋ Kellerfalten erfordern die zweieinhalb- bis dreifache Schienenbreite.

❋ Für Zieharmonikafalten braucht der Stoff die zweieinhalbfache Breite der Schiene.

SCHIENEN, RUNDSTÄBE UND STANGEN

Vorhänge können auf unterschiedliche Weise befestigt werden. Die Art der Aufhängung beeinflusst Aussehen und Funktionsweise der Fensterdekoration.

❋ Schienen sind oft am zweckmäßigsten. Sie sind unauffällig oder können dekorativ verblendet werden. Schienen kann man an der Decke oder in der Fensterlaibung anbringen oder an einem Gardinenbrett über dem Fenster befestigen. Mit doppel- oder mehrläufigen Systemen können Sie Drapierungen in mehreren Schichten aufhängen oder ein Store mit einer schwereren Übergardine kombinieren. Üblich sind Kunststoffschienen, für besonders schwere Stoffe gibt es aber auch Metallschienen. Gebogene Schienen erlauben es, Gardinen in einem Erker um die Ecken zu führen. Außerdem sind Schienen erhältlich, bei denen sich die Vorhänge in der Mitte überlappen können.

❋ Rundstäbe aus Metall eignen sich gut für Stores oder Spitzenvorhänge. Mit schwenkbaren Rundstäben können Sie Gardinen auch an vertieften Fensterflügeln oder Terrassentüren anbringen, ohne den Öffnungswinkel zu beeinträchtigen.

❋ Holz- und Metallstangen dienen nicht nur der Aufhängung, sondern sind auch ein Dekorationselement, das ins Auge fallen soll.

FUTTER

Ein gefütterter Vorhang fällt besser, er ist schall- und wärmedämmend sowie verdunkelnd. Bei schweren Stoffen ist ein Futter generell vorteilhaft, weil der Vorhang dadurch besser in Form bleibt. Es gibt spezielle Verdunklungsfutter, die das Licht gänzlich aussperren. Sie können das Futter aber auch für dekorative Zwecke verwenden, etwa um zwei verschiedene Muster zu kombinieren – eines für die Übergardine und ein kontrastierendes für das Futter. Wenn Sie ein einfarbiges Futter wählen, berechnen Sie die nötige Stoffmenge auf die gleiche Weise wie für den Hauptstoff, nur ohne die Zugabe, die Sie zum Angleichen des Musters brauchen.

Fußböden

Das Verlegen eines neuen Fußbodens ist eher eine Arbeit für Fachleute. Sie haben gelernt, mit dem sperrigen und schweren Material umzugehen und verfügen über das nötige Spezialwerkzeug. Viele Bodenbeläge sind sehr kostspielig, sollten also nicht durch falsche Behandlung beschädigt werden. Mit gutem Grundwissen können Sie aber trotzdem einiges selbst erledigen, vom Schleifen und Versiegeln von Dielen bis hin zum Verlegen von Bodenfliesen aus weichem Material.

Ausmessen und Mengen berechnen

Wie bei allen Deko-Arbeiten ist ein genaues Ausmessen unerlässlich.

❋ Messen Sie den Bereich, der neu verlegt werden soll, mit einem Metallmaßband aus und fertigen Sie ein grobe Skizze an, auf der Sie die Position der Türen, Fenster, Kamine, Nischen sowie alle Ecken und geraden Wände einzeichnen.

❋ Übertragen Sie die Skizze im Maßstab 1:20 auf Millimeterpapier.

❋ Zur Berechnung der Fläche multiplizieren Sie die Breite mit der Länge des Raumes.

❋ Sind die Teppichbahnen nicht breit genug, um die ganze Breite des Zimmers abzudecken, zeigen Sie Ihren Plan dem Händler, der für Sie berechnet, wo die Anstöße verlaufen.

❋ Für andere Arten von Bodenbelägen multiplizieren Sie die größten Maße für Breite und Länge. Rechnen Sie die Fläche von Nischen dazu oder ziehen die Standfläche von Einbauten ab. Geben Sie 5 Prozent für Verschnitt zu.

❋ Einige Bodenbeläge, wie zum Beispiel Fliesen, werden in Verpackungseinheiten verkauft. Um die benötigte Menge zu berechnen, dividieren Sie die gesamte Bodenfläche durch die Fläche einer Fliese und schlagen fünf Prozent drauf. Andere Bodenbeläge werden pro Quadratmeter verkauft, was die Berechnung erheblich vereinfacht.

❋ Um auszurechnen, wie lang ein Treppenläufer sein muss, messen Sie zuerst die Gesamtlänge aus, indem Sie eine Schnur von oben nach unten über jede Trittfläche und jede Setzstufe führen. Messen Sie anschließend die Breite jeder Stufe, um die breiteste zu ermitteln, und multiplizieren Sie die beiden Werte. Geben Sie 60 cm Länge zu, falls Sie den Teppich später verschieben möchten, um abgenutzte Stellen auszugleichen.

Teppich verlegen

In großzügigen Wohnbereichen mit offenem Grundriss sind Anstoßkanten unvermeidbar. Aber es gibt Möglichkeiten, sie einigermaßen zu kaschieren. Bevor Sie die Auslegeware bestellen, legen Sie fest, in welche Richtung die Rollen verlaufen sollen. Praktisch und ökonomisch ausgedrückt: Je weniger Bahnen, desto besser. Wenn Sie den Teppich im rechten Winkel zur Hauptquelle des natürlichen Lichteinfalls verlegen, sind die Anstöße weniger gut sichtbar. Wenn Sie ihn entlang der Hauptverkehrswege durch den Raum verlegen, hält er länger. Vermeiden Sie Anstöße in Bereichen, wo sie zum Sicherheitsrisiko werden könnten, zum Beispiel am oberen Abschluss der Treppe.

Holzfußboden vorbereiten, abschleifen und behandeln

In vielen Altbauten findet man Dielenboden vor, der zu einem Bruchteil der Kosten für einen neuen Bodenbelag renoviert oder neu gestaltet werden kann. In vielen Fällen müssen solche Bodenbretter nach einer Grundbehandlung abgeschliffen werden, um Schmutz, alte Farbe, Flecken und Politur zu entfernen und die Oberfläche zu glätten. Abschleifen ist anstrengend und langwierig. Die Maschinen sind schwer, und man braucht einiges Geschick, um sie richtig einzusetzen. Die Arbeit macht außerdem Lärm und erzeugt unglaublich viel Staub. Erkundigen Sie sich rechtzeitig beim Maschinenverleih, wie lange Sie das Gerät benutzen können und wieviel Zeit der Fachmann für die zu bearbeitende Fläche veranschlagen würde. Sollten Sie neuen Boden verlegen, können Sie bereits versiegeltes Parkett oder Dielen kaufen.

VORBEREITUNG

❋ Untersuchen Sie den Boden gründlich auf seinen Zustand. Herausstehende Nägel werden mit einem Nageltreiber unter die Oberfläche versenkt. Füllen Sie die Vertiefungen anschließend mit Spachtelmasse. Lose Dielen müssen festgenagelt werden.

❋ Füllen Sie weite Fugen zwischen den Dielen mit Holzstegen, die Sie vorher mit Holzleim bestreichen. Kleine Lücken können Sie mit Porenfüller verschließen. Stark beschädigte und gerissene Dielen müssen unter Umständen ersetzt werden.

❋ Ist der Boden lackiert, entfernen Sie so viel Farbe wie möglich mit chemischem Abbeizer. Bearbeiten Sie kleine Farbspritzer mit einem Spachtel oder Schleifpapier. Wischen Sie den Boden mit einer sparsamen Dosis heißen Wassers und Spülmittel.

DIE PRAXIS

ABSCHLEIFEN

In den meisten Fällen braucht man eine Flächenschleifmaschine, einen Kantenschleifer und möglichst auch einen kleinen Exzenterschleifer für schwierige Ecken. Sie benötigen außerdem Schleifpapier in grober, mittlerer und feiner Körnung.

Tragen Sie unbedingt eine Maske und Schutzbrille und möglichst auch Ohrenschützer. Instruktionen zu Betrieb und Sicherheit der Maschinen erhalten Sie vom Verleiher – lesen Sie diese sorgfältig und fragen Sie nach, falls Sie etwas nicht verstehen. Versuchen Sie, beim Betrieb der Schleifmaschine das Anschlusskabel über der Schulter zu behalten. Achten Sie auf eine sichere Entsorgung des Schleifstaubs. Er ist leicht entzündlich und kann rasch in Brand geraten.

✳ Räumen Sie zuerst das Zimmer aus. Decken Sie alles, was Sie nicht entfernen können, mit Planen ab. Spannen Sie Plastikplanen vor die Türöffnungen und öffnen Sie die Fenster. Beim Abschleifen entstehen unerwartet große Mengen von überaus feinem Staub. Es ist deshalb zu empfehlen, empfindliche elektronische Geräte abzudecken, selbst wenn sie in anderen Räumen der Wohnung stehen.

✳ Bei stark verkratzten und unebenen Dielen verwenden Sie zunächst grobkörniges Sandpapier und setzen von einem Durchgang zu nächsten immer feineres Papier ein. Schalten Sie die Maschine ein, bevor Sie die Schleiffläche absenken. Bleiben Sie während des Arbeitsvorgangs stets in Bewegung, um einen ebenen Schliff zu erreichen.

✳ Wenn Sie nicht nur anschleifen, sondern die Versiegelung abschleifen müssen, bewegen Sie die Schleifmaschine bei jedem Durchgang quer zur vorherigen Schleifrichtung. Im letzten Durchgang mit feiner Körnung bewegen Sie die Maschine in Richtung des Lichteinfalls.

✳ Sind die Dielen noch in recht gutem Zustand, schleifen Sie direkt mit mittlerer Körnung, dann mit feiner Körnung.

✳ Wechseln Sie das Sandpapier aus, wenn es nötig ist, und leeren Sie regelmäßig den Staubbeutel.

✳ Wenn Sie die Hauptbodenfläche abgeschliffen haben, kommt der Kantenschleifer zum Einsatz. Schleifen Sie zuerst mit einer mittelkörnigen, dann mit einer feinkörnigen Scheibe. Falls nötig, benutzen Sie einen Exzenterschleifer für die Arbeit rund um enge Ecken oder Rohre.

✳ Nach dem Schleifen saugen, fegen und wischen Sie allen verbliebenen Staub auf. Wischen Sie den Boden mit Terpentinersatz und lassen Sie ihn trocknen.

VERSIEGELUNG VON HOLZBÖDEN

Holzböden, die vorbereitet und abgeschliffen sind, brauchen eine Versiegelung, um sie vor Abnutzung und Flecken zu schützen. Bevor Sie sich endgültig für ein Finish entscheiden, testen Sie an einem Abfallstück oder in einer unauffälligen Ecke, welche Farbwirkung die Versiegelung zu verschiedenen Tageszeiten hat und wie sich die Oberfläche nach der Behandlung anfühlt. Bedenken Sie, dass einige Formen des Oberflächenschutzes sehr zeitaufwändig sind. Möglicherweise müssen Sie mehrere Schichten Farbe, Wachs, Öl oder Lack auftragen, trocknen lassen und zwischenschleifen. Bevor Sie beginnen, sorgen Sie auf jeden Fall dafür, dass der Boden staub- und schmutzfrei ist.

✳ *Lack, Wachs und Öl* Bei diesen Oberflächenbehandlungen bleiben Maserung und Farbton des Holzes sichtbar. Die früher überwiegend benutzten Polyurethanlacke sind inzwischen durch hochwertige Acryllacke auf Wasserbasis ersetzbar, die schadstoffarm sind und daher ohne gesundheitliche Bedenken verarbeitet werden können. Naturwachs, das in mehreren Schichten in den Boden eingerieben wird, erzeugt eine weich schimmernde Oberfläche und erhält die Holzstruktur ebenso wie Öl, das den Bodenbelag imprägniert aber nicht mit einem Film bedeckt wie Lack. Wachsen und Ölen sind zeitintensiv und müssen in größeren Abständen wiederholt werden, Kratzer oder Flecken sind dafür aber leicht auszubessern. Lassen Sie sich beraten, welche Versiegelung für Ihre Holzart am besten geeignet ist.

✳ *Beize* Farbige Beizen und Lacke werden direkt auf das aufgeraute Holz aufgetragen; sie dringen in die Maserung ein und lassen sie sichtbar. Öffnen Sie zunächst die Poren des Holzes, indem Sie die Bretter entlang der Maserung mit einer Drahtbürste bearbeiten. Tragen Sie die Beize dann gleichmäßig mit einem Pinsel oder gut getränkten Schwamm in Richtung der Maserung auf. Ein gebeizter Bodenbelag muss anschließend glatt geschliffen und versiegelt werden.

✳ *Farblasur* Die Farblasur ermöglicht eine Gestaltung im Holzton oder einer anderen Farbe, die dennoch die Holzstruktur erkennen lässt. Dazu mischen Sie dem Öl oder Lack, mit dem das Holz versiegelt wird, eine Farbe auf derselben Basis bei. Im Außenbereich können Sie so auch den Holzschutz erhöhen.

✳ *Farbe* Sie können zwischen strapazierfähigem Bootslack, Fußbodenfarbe sowie matter oder glänzender Farbe auf Ölbasis wählen. Der Boden muss grundiert, zwischengeschliffen und vorgestrichen werden und erhält abschließend einen oder zwei Deckanstriche. Die Behandlung ist auch abhängig von der Holzart; lassen Sie sich dazu beraten.

Fliesen aus weichem Material

Fliesen sind leichter zu handhaben als Bahnenware. Für das Verlegen von Vinyl, Linoleum, Kork, Kautschuk und Teppichfliesen lässt sich die gleiche Methode anwenden, auch wenn das Verkleben jeweils anders ist (manche Fliesen sind selbstklebend). Am wichtigsten ist eine gute Vorplanung, sonst entsteht am Ende rundum eine schmale Kante von unschön angeschnittenen Fliesen.

✳ Bestimmen Sie mithilfe einer Grundrisszeichnung die Mitte des Raumes. Legen Sie die Fliesen auf einem Viertel der Fläche lose aus. Beginnen Sie in der Mitte und arbeiten Sie sich zu den Rändern vor. Sie können Sich mit Klebestreifen oder an Nägeln befestigten Schnüren über dem Boden behelfen, um in geraden Linien zu verlegen.

✳ Nachdem Sie ein Viertel des Raumes mit ganzen Fliesen ausgelegt haben, messen Sie den Abstand zwischen der letzten ganzen Fliese und der Wand aus. Ist er geringer als eine halbe Fliese, verschieben Sie den Mittelpunkt, bis Sie eine Ausgangsposition gefunden haben, durch die der Abstand mindestens eine halbe Fliese breit ist.

✳ Um eine Ecke zu fliesen, legen Sie eine Fliese so auf die letzte ganze Fliese, dass sie mit zwei Seiten an die Wand anstößt. Markieren Sie den Überstand und schneiden Sie anschließend entlang der markierten Linie.

✳ Wenn Sie Fliesen um runde Hindernisse verlegen, fertigen Sie sich eine Papierschablone an und übertragen Sie die Umrisse auf die Fliese. Dann schneiden Sie sie passend zurecht.

Beleuchtung

Lampen haben nicht nur einen praktischen Zweck, sie dienen auch der Dekoration und dem gezielten Hervorheben von Details. Durch die richtige Beleuchtung lässt sich die gesamte Raumwirkung beeinflussen. Außerdem gibt es natürlich Lampen, die schon durch ihr Design selbst zum Schmuckstück werden. Aber wer kann schon auf funktionales Arbeitslicht verzichten? Auf den richtigen Mix von effizient und dekorativ beleuchteten Bereichen kommt es an.

Professionelle Hilfe

Eine Reihe von Deko-Arbeiten kann jeder Laie komplett selbst ausführen. Bei der Beleuchtung empfiehlt es sich allerdings unbedingt, fachmännische Hilfe in Anspruch zu nehmen. Jeder kann in einem Laden eine Leuchte kaufen, sie mit nach Hause nehmen und den Stecker in die Dose stecken. Aber für komplexere Installationen und sämtliche Arbeiten an der Infrastruktur der Beleuchtung, also an Stromkreisen, Elektroanschlüssen, Steckdosen und Schaltern, müssen Sie einen Elektriker hinzuziehen, der die nötigen Qualifikationen und Zulassungen hat. Sicherheit hat hier unbedingten Vorrang: Elektrizität kann tödlich sein. Man sollte nicht damit experimentieren.

Wie bei anderen Handwerkern kann auch hier eine persönliche Empfehlung ein sinnvoller Weg sein, den richtigen Betrieb für die anstehende Arbeit zu finden.

Wenn Sie eine grundlegende Überholung planen, lassen Sie sich rechtzeitig beraten, besonders wenn Sie vorhaben, Leuchtdioden, Lichtleitertechnik oder andere spezielle Lichtquellen einzusetzen. Auch wenn Ihre Planungen weniger ambitioniert sind, lohnt es sich, ein gutes Lampengeschäft oder einen Lichtdesigner aufzusuchen, um sich über die verschiedenartigen Systeme zu informieren. Einige Geschäfte verfügen über komplett verdunkelbare Räume, sodass Sie sehen können, wie verschiedene Anordnungen in der Praxis wirken. Kaufen Sie nie eine Leuchte, ohne Sie in Funktion gesehen zu haben – Sie kaufen Licht, und Sie müssen sehen, wie es leuchtet: indirekt, auf einen Punkt konzentriert oder gerichtet.

Sehen Sie sich gründlich um und erkundigen Sie sich nach neuen technologischen Entwicklungen. Bei der Beleuchtung gibt es rasche Veränderungen. Vielleicht stellen Sie fest, dass Anlagen, die Sie aus Kosten- oder Aufwandsgründen ausgeschlossen hatten, inzwischen leichter zu installieren und erschwinglicher sind.

Wie viele Lampen brauchen Sie?

Kurz gesagt: Wahrscheinlich mehr als Sie denken. Einer der großen Irrtümer bei der Beleuchtung besteht darin, sich in bestimmten Bereichen auf wenige sehr helle Lampen zu beschränken – etwa eine zentrale Deckenleuchte als einzige Lichtquelle. Zwei Argumente sprechen dagegen: Eine oder zwei dominante Leuchten blenden, wodurch die Augen schnell ermüden, weil sie häufig von hellen auf dunkle Bereiche umstellen müssen. Außerdem schafft die Beschränkung auf wenige Lichtquellen eine leblose, unpersönliche Atmosphäre, die der Entspannung nicht förderlich ist.

Als grobe Faustregel gilt: Ein Wohnzimmer durchschnittlicher Größe braucht etwa vier bis fünf unterschiedliche Lichtquellen, damit nichts blendet und eine einladende, intime Atmosphäre entsteht.

Wie viel Licht brauchen Sie?

Licht wird in Lux gemessen. Diese Einheit drückt aus, wie viel Licht auf einer Oberfläche auftrifft. Welche Lichtmenge in einem bestimmten Bereich gebraucht wird, hängt von der dort ausgeübten Tätigkeit ab. Sie können ein Luxmeter ausleihen, wenn Sie die verschiedenen Lichtstärken in Ihrem Haushalt genau messen möchten. Die folgenden Richtwerte für den privaten Bereich können dabei als Anhaltspunkte dienen:

* 200 Lux: Wohnbereiche

* 300–500 Lux: Küche und allgemeine Arbeitsbereiche wie Hauswirtschaftsraum

* 500–750 Lux: Lesen, Computer- und Schreibtischarbeit

* 1000–1500 Lux: Zeichnen und kleinteilige Arbeiten

Verschiedene Lichtquellen

Die Art der Lichtquelle ist bei der Auswahl der Beleuchtung ebenfalls ein wichtiger Aspekt. Im Wesentlichen werden im Haushalt drei Lampenarten eingesetzt: Glüh- und Halogenlampen oder Leuchtstoffröhren. Zunehmend findet man inzwischen auch Leuchtdioden im privaten Bereich (S. 46).

Mit Blick auf den dekorativen Nutzen besteht der wesentliche Unterschied zwischen den drei meistverbreiteten Lichtquellen in der Farbe. Alle Arten der traditionellen Wolframlampe strahlen ein warmes, gelbliches Licht aus. Halogen, in der Hoch- wie der Niedervoltversion, erzeugt ein scharfes weißes Licht, das Farben getreuer wiedergibt. Leuchtstoffröhren waren für ihr grünliches Licht berüchtigt, sind aber in jüngster Zeit deutlich verbessert worden. Es gibt auch farbige Leuchtstoffröhren.

Beleuchtungs-Infrastruktur

Die Installation einer neuen Beleuchtung erfordert möglicherweise Veränderungen an der gesamten Elektrik, die nur ein Fachmann vornehmen kann. Zu den einfacheren Veränderungen der Licht-Infrastruktur gehören die Installation weiterer Decken- und Wandanschlüsse, die mehr Flexibilität ermöglichen und Überlastungen vorbeugen. Auch das Anbringen von festen oder versenkten Leuchten sowie das Ersetzen von Standardschaltern durch Dimmer ist leicht gemacht, bei solchen kleinen Eingriffen geht ein Laie meist kein Risiko ein. Umfassendere und vom Profi auszuführende Maßnahmen sind dagegen etwa das Erneuern altersschwacher Kabel und die Installation zusätzlicher Stromkreise. Ein Extra-Stromkreis, zum Beispiel im Wohnbereich, kann dazu dienen, Schaltungen so anzuordnen, dass mehrere Leuchten einschließlich Tischlampen sowohl individuell als auch über einen Hauptschalter neben der Eingangstür oder an einer anderen passenden Stelle gesteuert werden können.

Beleuchtungsplanung

Sollten Sie in Ihrem Haus größere Arbeiten vorhaben – Umbauten, eine umfassende Renovierung oder aber den Einbau einer neuen Küche oder eines Badezimmers –, beziehen Sie die Beleuchtung möglichst frühzeitig in die Planungen ein. Für Änderungen der Verkabelung oder der Stromkreise muss meist der Putz aufgeschlagen werden, unter Umständen sogar der Bodenbelag. Ist erst einmal alles frisch renoviert, werden Sie eher zögern, die Wände für neue Leitungen wieder aufzubrechen.

EINEN PLAN AUFSTELLEN

Als Ausgangspunkt empfiehlt es sich, einen Plan des Bereiches oder der Bereiche zu zeichnen, in denen Änderungen vorgesehen sind. Die Arbeit lohnt sich, selbst wenn Sie vorhaben, einen Lichtdesigner oder Innenarchitekten zu beauftragen. Beginnen Sie mit einer Skizze, in die Sie alle unveränderlichen Teile wie Fenster, Türen, Kamin, Nischen und Heizkörper sowie die Lage der vorhandenen Schalter und Anschlüsse eintragen. Markieren Sie die Position von Einbauten ebenso wie die großer oder dominanter Möbelstücke, die Sie nicht verrücken wollen. Dann messen Sie alles genau aus und übertragen Ihre Zeichnung für einen maßstabsgerechten Plan auf Millimeterpapier.

BEDARF ERMITTELN

Benutzen Sie den maßstäblichen Grundriss, um die bestehenden Lichtverhältnisse zu verschiedenen Tages- und Nachtzeiten, also bei natürlichem und künstlichem Licht, festzuhalten. Wenn es Ihnen schwerfällt, die jeweilige Situation mit bloßem Auge zu beurteilen, machen Sie von den Bereichen Fotos ohne Blitz. Tragen Sie Ihre Beobachtungen in die Skizze ein.

✳ Gibt es Bereiche, die sichtlich unterbeleuchtet sind? Zeichnen Sie diese entsprechend in den Grundriss ein.

✳ Gibt es zu helle Bereiche oder Lampen, die blenden?

✳ Sind die Arbeitsbereiche punktgenau beleuchtet, also etwa die Spüle oder der Schreibtisch?

✳ Findet man sich in allen Bereichen leicht zurecht? Können Sie Leuchten sowohl von der Tür als auch einzeln an- und ausschalten?

✳ Werden Ihre Lieblingsorte im Haushalt angemessen betont? Gibt es dekorative Elemente, die Sie besser ins Licht setzen möchten?

✳ Achten Sie auch auf die Qualität des natürlichen Lichteinfalls: Gibt es eine Möglichkeit, für mehr Tageslicht zu sorgen – zum Beispiel durch eine reduzierte Fensterdekoration, verglaste Flächen oder Spiegel?

✳ Für die Wirkung eines Raumes ist die Ausrichtung der Fenster und Türen entscheidend. Zimmer, die nach Norden gehen, haben ein gleichmäßiges, eher kühles Licht. Zimmer nach Süden sind wärmer, aber die Lichtmenge schwankt im Tagesverlauf stärker.

✳ Gewährleisten die bestehenden Installationen die gewünschte Flexibilität und sind genügend Stromanschlüsse vorhanden? Bodensteckdosen schaffen mehr Spielraum für die Anordnung der Möbel.

GRUNDLEGENDE GESTALTUNGSPRINZIPIEN

Probieren Sie verschiedene Effekte aus, bevor Sie zum Kauf schreiten. Setzen Sie Ihre Ideen zuerst mit Klemmspots und Tischlampen um, oder aber mit Folie, Topfdeckeln und anderen Flächen, die Licht streuen und richten. Lassen Sie sich dabei von Freunden helfen und fragen Sie sie nach ihrer Meinung. Leuchten Sie düstere Ecken aus, richten Sie das Licht zur Decke oder zum Boden und experimentieren Sie mit verschiedenen Wattzahlen. Hier sind einige Anregungen für die Planung eines neuen Beleuchtungskonzepts:

✳ Schaffen Sie leuchtende Hintergründe, indem Sie Lampen auf Wand- oder Deckenflächen richten. Beleuchten Sie die Zimmerdecke, um deren wahrgenommene Höhe optisch zu vergrößern, oder gegen die Wand, um den Raum weiter erscheinen zu lassen.

✳ Um einzelne blendende Lichtquellen zu vermeiden, setzen Sie mehrere kleine Leuchten ein. Bei einer größeren Zahl von Lichtquellen können die jeweiligen Wattzahlen niedriger sein, um den richtigen Lichtlevel zu erreichen.

✳ Betonen Sie hübsche Accessoires oder eine Vitrine mit Spots. Mit versenkten oder verblendeten Leuchten lassen sich auch architektonische Details wirkungsvoll hervorheben.

✳ Setzen Sie Dimmer ein, um zu verschiedenen Tageszeiten eine Balance zwischen natürlichem und künstlichem Licht zu erreichen, eine intime Stimmung zu schaffen oder in einem Mehrzweckraum wie der Küche mit Essbereich verschiedene Schwerpunkte zu setzen.

✳ Wählen Sie die Leuchten auch nach ihrem dekorativen Reiz aus, Leuchtkörper sind Blickfänger. Ein Raum wirkt lebendig, wenn das Auge von Leuchten in unterschiedlicher Höhe geleitet wird.

✳ Störend kann grelles Licht vor allem im geselligen Bereich sein, etwa in der Sitzecke im Wohnzimmer. Sorgen Sie hier für warme, diffuse Beleuchtung.

✳ Gefiltertes Licht – natürliches wie künstliches – erzeugt faszinierende Effekte. Jalousien oder gelochte Lampenschirme etwa beleben den Raum durch ein hübsches Spiel von Licht und Schatten.

✳ Streiflicht auf grob strukturierten Oberflächen verleiht einem Raum zusätzliche Tiefe.

✳ Kombinieren Sie gerichtetes Licht immer mit Hintergrundlicht, damit der helle Lichtkegel nicht blendet.

Praktische Überlegungen

Beleuchtung dient natürlich auch dazu, dass wir in den Stunden der Dunkelheit oder in Räumen mit geringem Lichteinfall unseren Alltagsbeschäftigungen nachgehen können. Wenn Sie ein Beleuchtungskonzept planen, beziehen Sie folgende praktische Überlegungen ein:

FLURE, TREPPEN UND TREPPENABSÄTZE

Insgesamt empfiehlt sich hier indirektes Licht mit einzelnen gerichteten Strahlern, um sowohl Blendung als auch Schatten zu vermeiden, die gerade im Treppenhaus gefährlich sein können. Stufen müssen so beleuchtet sein, dass vertikale und horizontale Flächen gut zu unterscheiden sind. Bringen Sie Lichtschalter direkt beim Eingang sowie am oberen und unteren Ende der Treppe an, damit niemand im Dunkeln tappt.

KÜCHE

In der Küche sind fest installierte Unterschrankleuchten und präzise gerichtete Spots praktisch; planen Sie die Anordnung sorgfältig, damit Sie nicht in Ihrem eigenen Schatten arbeiten oder geblendet werden. Vermeiden Sie Tischlampen auf oder in der Nähe von Arbeitsflächen. Installieren Sie einen Dimmer für die Deckenlampe, wenn in der Küche auch der Esstisch steht.

ESSBEREICH

Esstische werden am besten indirekt beleuchtet. Das Licht sollte auf die Tischmitte gerichtet sein oder über die gesamte Länge, sodass es nach oben reflektiert wird und einen weichen Schein erzeugt. Pendelleuchten sind schön, wenn Sie oberhalb der Augenhöhe liegen, sonst blockieren sie den Blick über den Tisch. Auch hier sind Dimmer eine schöne Idee, um für jeden Anlass die richtige Stimmung herzustellen.

ARBEITSRÄUME

Für die Beleuchtung des Arbeitsplatzes mit Computer brauchen Sie ein gutes Hintergrundlicht, denn der Monitor ist ja schon eine eigene Lichtquelle. Hier ist ein aufwärts gerichtetes Licht ideal, kombiniert mit Spots, die auf die Tastatur oder die Arbeitsfläche gerichtet sind. Am Schreibtisch brauchen Sie drei bis fünf Mal mehr Licht als Sie es im Wohn- oder Schlafzimmer als angenehm empfinden.

SCHLAFZIMMER UND KINDERZIMMER

Vermeiden Sie hier Deckenlampen oder zentrale Leuchtkörper. Sie können blenden, vor allem, wenn Sie im Bett liegen. Sie sollten das Licht von der Tür und vom Bett aus ein- und ausschalten können, Dimmer sind ebenfalls Gold wert. Verstellbare Nachttischlampen sind besonders praktisch, wenn man gerne im Bett liest, denn dabei wechselt man häufig die Position. Stehlampen im Kinderzimmer sind ein Risikofaktor! Achten Sie darauf, dass Tischlampen gut befestigt sind, hier empfehlen sich Klemmspots – besser noch Wandlampen. Bringen Sie Kindersicherungen in den Steckdosen an. Dezente Nachtlichter können Kindern, die sich im Dunkeln fürchten, ein Gefühl von Sicherheit geben.

BADEZIMMER

Wasser und Elektrizität sind eine tödliche Kombination. Sicherheit ist das oberste Gebot, wenn es um die Badezimmerbeleuchtung geht. Wenn Sie hier eine neue Beleuchtung planen, achten Sie auf die Feuchtraum-Tauglichkeit der Leuchten. Weniger als 2,5 m von Badewanne, Waschbecken oder Dusche entfernt angebracht, müssen sie gänzlich umschlossen sein, einschließlich aller Metallteile und der Glühlampen. Für Duschen und Nasszellen gibt es wasserfeste Leuchten. Beleuchten Sie Badezimmerspiegel von beiden Seiten, um starke Schatten im Gesicht zu vermeiden.

Sicherheit

Wenn Ihnen ein Anstrich misslingt, müssen Sie vielleicht eine Zeit lang mit dem Ärgernis leben. Wenn Sie sich aber ohne das nötige Know-How an Elektro-Arbeiten wie dem Verkabeln eines Steckers versuchen, können Sie damit Haus und Leben in Gefahr bringen. Eine Steckdose mit Überspannung, ein falsch verkabelter Stecker, ein Abdeckung aus ungeeignetem Material können einen Kurzschluss oder Schwelbrand auslösen. Seien Sie daher lieber übervorsichtig und bestellen Sie einen Elektriker, um Leitungen zu legen und Steckdosen zu installieren.

✳ Alte Leitungen sind ein ernstzunehmendes Risiko. Wenn Sicherungen ohne erkennbaren Grund häufig durchbrennen, kann dies ein Anzeichen dafür sein, dass die Leitungen ihre besten Tage hinter sich haben. In einem solchen Fall rufen Sie einen Elektriker, um sie zu überprüfen. Nach 15 bis 20 Jahren müssen die meisten Leitungen erneuert werden.

✳ Rauchmelder können Leben retten. Bringen Sie zumindest im Kinderzimmer und in allen Schlafzimmern einen an und prüfen Sie regelmäßig die Batterien.

✳ Überlasten Sie Steckdosen und Anschlüsse nicht, das kann einen Kurzschluss auslösen. In der Küche und im Wohnzimmer werden oft mehrere Geräte gleichzeitig benutzt. Dafür braucht man viele Steckdosen. Lassen Sie lieber von einem Elektriker weitere Steckdosen installieren, als sich auf Verlängerungskabel oder Mehrfachsteckdosen zu verlassen. Eine weitere Möglichkeit besteht darin, einen neuen Stromkreis legen zu lassen, um genügend Steckdosen an den erforderlichen Stellen anzubringen. So entsteht auch weniger Kabelsalat.

✳ Überprüfen Sie alle Leuchten regelmäßig auf Beschädigung oder Abnutzung. Defekte oder abgenutzte Kabel sollten Sie ersetzen lassen. Dasselbe gilt für brüchige oder verbogene Fassungen. Ein Wackelkontakt zwischen Glühlampensockel und Fassung kann zu Kurzschlüssen oder Brand führen. Halten Sie Birnen und Fassungen frei von Staub und Schmutz.

✳ Sicherungen sind dafür da, bei Überspannung durchzubrennen und die Stromzufuhr zu unterbrechen. Ersetzen Sie durchgebrannte Sicherungen nur durch solche mit derselben Leistung. Eine herkömmliche Haushaltssicherung mit 16 Ampere sichert einen Stromkreis mit maximal 3,7 Kilowatt.

✳ Benutzen Sie immer Lampen mit der für eine bestimmte Leuchte empfohlenen Wattzahl. Alle modernen Leuchten sind mit der maximalen Wattzahl ausgezeichnet. Nehmen Sie eine stärkere Lampe, laufen Sie Gefahr, die Leuchte zu versengen oder einen Brand zu verursachen.

✳ Schalten Sie die Stromzufuhr oder über den Sicherungskasten den entsprechenden Stromkreis aus, bevor Sie eine Glühlampe austauschen. Wechseln Sie eine Birne nie mit nassen Fingern und berühren Sie Halogenlampen möglichst nicht mit bloßen Händen, da der Fettfilm von der Haut das Quartzglas beschädigen kann. Muss eine Birne an einer schwer zugänglichen Stelle oder hoch oben ersetzt werden, lassen Sie sich helfen. Verwenden Sie eine standfeste Leiter, die von einer zweiten Person gesichert wird.

✳ Einige Leuchtentypen, besonders Niedrigvoltlampen wie man sie etwa in Seilsystemen findet, benötigen Transformatoren, um die Stromspannung zu reduzieren. Diese müssen an einem trockenen, gut belüfteten Ort aufgestellt werden. Überlasten Sie einen Trafo nie, indem Sie die Nennleistung überschreiten. So kann ein 100-Watt-Transformator zum Beispiel vier 25-Watt-Birnen unterstützen, nicht mehr.

✳ Dimmer haben ebenfalls eine individuelle Nennleistung. Prüfen Sie, ob die Wattzahl des Dimmers zur Anzahl der Lampen passt, die Sie damit steuern möchten.

✳ Lassen Sie Einbauleuchten oder solche mit verdeckter Verkabelung immer von einem Fachmann anbringen. Er kann Ihnen auch sagen, ob solche Lampen am vorgesehenen Platz praktisch und sicher sind. Deckenspots brauchen Hohlraum, um eine Überhitzung zu verhindern – kalkulieren Sie entsprechenden Höhenverlust im Raum ein, wenn Sie eine solche Deckenbeleuchtung installieren lassen möchten.

✳ Herkömmliche Glühlampen mit Wolframdraht sowie Halogenlampen strahlen viel Wärme ab. Sie müssen also in ausreichendem Abstand zu brennbaren Materialien angebracht sein. Kühlere Lichtquellen wie Lichterketten und Leuchtstoffröhren können ohne weiteres in unmittelbarer Nähe von Materialien wie Papier und Stoff verwendet werden.

✳ Vorsicht mit Leuchten, die Sie auf dem Flohmarkt erstehen. Bevor Sie den Stecker einstecken, gehen Sie damit in ein Elektrofachgeschäft und lassen Sie Ihre Erwerbung dort überprüfen. Vielleicht braucht die hübsche Antiquität ein neues Kabel, oder die Fassung muss ersetzt werden.

Energie sparen

Vom gesamten häuslichen Energieverbrauch macht die Beleuchtung 10 bis 15 Prozent aus. Es ist überraschend einfach, diesen Verbrauch erheblich zu senken. Das tut nicht nur Ihrem Portemonnaie gut, sondern auch der Umwelt.

✳ Ausschalten! Lassen Sie keine Lampen brennen, wenn niemand im Raum ist.

✳ Staubfreie Glühbirnen, Lampenschirme und Fassungen verwerten die Energie besser. Bevor Sie die Lampen reinigen, ziehen Sie den Stecker aus der Dose bzw. schalten Sie die Leuchte am Schalter aus.

✳ Nutzen Sie das natürliche Licht, versperren Sie die Fenster nicht durch allzu üppige Dekoration.

✳ Niedrige Wattzahlen sparen Energie. Allerdings dürfen Sicherheit oder praktischer Nutzen nicht beeinträchtigt werden.

✳ Dimmer verringern den Energieverbrauch von Wolfram- und Halogenlampen. Für das Dimmen von Leuchtstoffröhren braucht man ein spezielles Vorschaltgerät und es gibt extra dimmbare Energiesparlampen.

✳ Die größte Energieersparnis erzielen Sie, indem Sie Geräte wie Fernseher oder Stereoanlage nicht auf Standby schalten, sondern völlig vom Strom trennen, und wenn Sie konsequent Energiesparlampen einsetzen. Diese halten zehnmal länger und verbrauchen 80 Prozent weniger Strom als Glühlampen, die den größten Teil der Energie in Wärme umwandeln. Die durchschnittliche Glühbirne im Haushalt setzt nur fünf Prozent der Elektrizität in Licht um – den Rest gibt sie als Wärme ab. Energiesparlampen gibt es inzwischen in vielen Formen und Größen sowie mit verschiedenen Sockeln, sodass sie in den unterschiedlichsten Leuchtentypen eingesetzt werden können.

DIE PRAXIS

Adressen

Tapetenmuster

NOSTALGISCH (S. 60–61)
Obere Reihe, von links nach rechts:
»Japanese Bamboo«, Florence Broadhurst Collection, Borderline Fabrics
»London Toile«, Timorous Beasties
»Rajapur«, Cole & Son
»Egrets«, Florence Broadhurst Collection, Borderline Fabrics

Untere Reihe, von links nach rechts:
»Japanese Floral«, Florence Broadhurst Collection, Borderline Fabrics
»McGegan Rose«, Timorous Beasties
»Williamson«, Matthew Williamson für Habitat
»Flamingos«, Cole & Son

FLORAL (S. 62–63)
Von links nach rechts:
Kenzan Collection, Romo Fabrics
»Miranda«, Rachel Kelly für Interactive Wallpaper
Kenzan Collection, Romo Fabrics
»Flowering Rose«, Wayne Hemingway für Graham & Brown
»Utopia«, Decadence Collection, Harlequin
»Wild Crysanthemum«, Osborne and Little

MONOCHROM (S. 64–65)
Obere Reihe, von links nach rechts:
»Black Kite«, By Hanna
»Cloisonne«, Designers Guild
»Bullet«, Timorous Beasties
»Hulanicki«, Barbara Hulanicki für Habitat

Untere Reihe, von links nach rechts:
»Vortex«, Interiors Europe
»Flower Power«, Graham & Brown
»Woods«, Cole & Son
»Swallows«, Absolutezerodegrees für Flo, Places & Spaces

GRAFISCH (S. 66–67)
Von links nach rechts:
»Cow Parsley«, Cole & Son
»Woodstock«, Cole & Son
»Passion« Decadence Collection, Harlequin
»Linear«, Timorous Beasties
»Kiely«, Orla Kiely für Habitat
»Mouret«, Roland Mouret für Habitat

Stoffmuster

BAROCK (S. 86–87)
Obere Reihe, von links nach rechts:
Vintage
»Damask 04«, Timorous Beasties
Vintage
»Glasgow Toile«, Timorous Beasties

Untere Reihe, von links nach rechts:
Vintage
»Mantua«, Designers Guild
»Vegetable Tree«, Josef Frank für Svenskt Tenn
Vintage

NATÜRLICH (S. 88–89)
Von links nach rechts:
Vintage
»Appelsiini«, Maija Isola & Kristina Isola für Marimekko
Vintage
»Elokuu«, Erja Hirvi für Marimekko
»Tsunami«, Anna Danielson für Marimekko
Vintage

MONOCHROM (S. 90–91)
Obere Reihe, von links nach rechts:
»Durbar Hall«, Designers Guild
»Tuuli«, Maija Isola & Kristina Isola für Marimekko
»Peacock Feathers«, black & charcoal on Beech Union, über Signature Prints
»Ikeda«, Tundra Pond on Hopsack, über Signature Prints

Untere Reihe, von links nach rechts:
»Floral 100«, Black on Ottoman, über Signature Prints
»Kivet«, Maija Isola & Kristina Isola für Marimekko

»Bottna«, Anna Danielson für Marimekko
»Samovaari«, Maija Isola & Kristina Isola für Marimekko

ERHABEN (S. 92–93)
Von links nach rechts:
»Hoop« (Wandbehang), Anne Kyyro Quinn
»Black lace panel« (Wandbehang), Lauren Moriarty
»Leaf«, Anne Kyyro Quinn
»Cityscape Paris« (Teppich), Hive
Vinyl-Spitzentischdecke, Lovely Lovely
»Bold Circles« (Kissen), Anne Kyyro Quinn

Beratung

BUND DEUTSCHER INNENARCHITEKTEN
Bundesgeschäftsstelle
Postfach 32 03 09
D-53206 Bonn
Tel.: 0228-9082940
www.bdia.de

DEUTSCHES TAPETEN-INSTITUT
Langer Weg 18
D-60489 Frankfurt
Tel.: 069-520035
www.tapeten-institut.de
Produktinformationen und Anleitungen für Heimwerkerarbeiten

STIFTUNG WARENTEST
Lützowplatz 11–13
D-10785 Berlin
Tel.: 0900-1-583781
www.stiftung-warentest.de

VERBRAUCHERZENTRALE BUNDESVERBAND
Markgrafenstraße 66
D-10969 Berlin
Tel.: 030-25800-0
www.vzbv.de

WWW.OEKOTEST.DE

Farbe

AURO FARBE
Alte Frankfurter Straße 211
D-38122 Braunschweig
Tel.: 0531-28141-0

BRILLUX
Weseler Straße 401
D-48163 Münster
Tel.: 0251-7188-0
www.brillux.de

DULUX FARBEN
ICI Lacke Farben GmbH
Postfach 940
D-40709 Hilden
Tel.: 01805-240043
(Fachberatung)
www.dulux.de

Handelskai 94–96
A-1206 Wien
Tel.: 0043-1-2409010-0

ÖKO-BAUMARKT
www.oeko-baumarkt.com
Online-Baumarkt, große Auswahl an Farben, Pflegemitteln etc.

SCHÖNER-WOHNEN-FARBE
über J. D. Flügger
Postfach 740 208
D-22092 Hamburg
Tel.: 0180-535834437
www.schoener-wohnen-farbe.de

Tapeten und Wandbekleidung

5QM
Gladbacher Str. 35
D-50672 Köln
Tel.: 0221-2948455
www.5qm.de
Vintage-Tapeten der 50er bis 70er

A.S. CRÉATION TAPETEN
Südstraße 47
D-51645 Gummersbach
Tel.: 02261-542-0
www.as-creation.de

BORDERLINE FABRICS
Chelsea Harbour Design Centre
Unit 12, 3rd Floor
GB-London, SW10 OXE
Tel.: 0044-207-8233567
www.borderlinefabrics.com

CHIVASSO
Potsdamer Straße 160
D-33719 Bielefeld
Tel.: 0521-238390
www.chivasso.com

COLE & SON
Unit G10
Chelsea Harbour Design Centre
GB-London, SW10
Tel.: 0044-207-6044288
www.cole-and-son.com

COLEFAX & FOWLER
Unit G2
Chelsea Harbour Design Centre
GB-London, SW10
Tel.: 0044-207-3510666
Exquisite Wohntextilien

ERFURT & SOHN
Hugo-Erfurt-Straße 1
D-42399 Wuppertal
Tel.: 0202-61100
www.erfurt.com

EXTRATAPETE
Sredzkistraße 58
D-10405 Berlin
Tel.: 030-2615729
Gestaltung und Produktion
moderner Tapeten, auch Auf-
tragsproduktion nach Kunden-
wunsch

GRAHAM & BROWN
Tel.: 0044-800-3288452
www.grahambrown.com

HANNA
www.byhanna.com

HARLEQUIN
Tel.: 0044-8708-300050
www.harlequin.uk.com

INTERIORS EUROPE
www.interiors-europe.co.uk
Zeitgenössische Tapete

KINNASAND
Danziger Straße 6
D-26655 Westerstede
Tel.: 04488-5160
www.kinnasand.de
Polsterstoffe, Tapeten, Teppiche

MARBURGER TAPETEN-FABRIK
Bertram-Schaefer-Strasse 11
D-35274 Kirchhain
Tel.: 06422-81-0
www.marburg.com
High-Tech-Tapete, Naturmateri-
alien, Kinderzimmertapete

RACHEL KELLY
www.interactivewallpaper.co.uk

RASCH
Raschplatz 1
D-49565 Bramsche
Tel.: 05461-8110
www.rasch.de
Grafische Designtapeten von
Bauhaus bis zu den psychedeli-
schen 60ern

ROOMZONE
Großhesseloher Straße 19
D-81479 München
Tel.: 089-72483514
www.roomzone.de
Versand für Fototapeten, Tapete
für Kinderzimmer, Retromöbel

SANDERSON
Unit G9
Chelsea Harbour Design Centre
GB-London, SW10
Tel.: 0044-870-8300066
www.sanderson-online.co.uk

TAPETENAGENTUR
Am Hofacker 5
D-51381 Leverkusen
Tel.: 0221-9328182
www.tapetenagentur.de
Große Auswahl internationaler
Designs und aktuelle Entwürfe

TAPETEN DER 70ER
www.tapetender70er.de
Authentische Designs zum
Bestellen

VERUSO
Rind'sche Stiftstraße 38
D-61348 Bad Homburg
Tel.: 06172-6814-20
www.veruso.de
Fliesen und Tapeten im Retro-
Look

Wohntextilien

ADO GARDINENWERKE
Postfach 2000
D-26884 Aschendorf
Tel.: 04962-5005
www.ado-international.de

ANNE KYYRO QUINN
Showroom 2.06
OXO Tower Wharf
Bargehouse Street
London, SE1 9PH
Tel.: 0044-207-0210702

CHRISTIAN FISCHBACHER
Simonshöfchen 27
D-42327 Wuppertal
Tel: 0202-739090
www.fischbacher.com
Bettwäsche und Einrichtungs-
stoffe

CULTURA DELLA TAVOLA
Greppenstraße 78
D-82239 Alling
Tel.: 08141-538995
www.cultura-della-tavola.de
Tischwäsche, Bettwäsche

DESIGNERS GUILD
Dreimühlenstraße 38a
D-80469 München
Tel.: 089-23756-0
www.designersguild.com
Tapeten, Farben, Stoffe

IKEA
Tel.: 0180-535343
www.ikea.de

JAB ANSTOETZ STOFFE
Potsdamer Straße 160
D-33719 Bielefeld
www.jab.de
Decken, Stoffe

LAURA ASHLEY
Brienner Straße 10
D-80333 München
Tel.: 089-28787840
Möbel, Accessoires,
Wohntextilien

LAUREN MORIARTY
12 Pear Tree Lane
GB-London, E1W 3SR
www.laurenmoriarty.co.uk

LOVELY LOVELY
www.lovelylovely.net

MARIMEKKO
Oeder Weg 29
D-60318 Frankfurt a. M.
Tel.: 069-13023811
www.marimekko.co.uk
Finnisches Design seit 1951

MISSONI HOME
Via Roma, 71b
I-21010 Golasecca (VA)
Tel.: 0039-0331-950311
www.missonihome.it

NYA NORDISKA
An den Ratswiesen
D-29451 Dannenberg
Tel.: 05861-8090
www.nya.de

OSBORNE & LITTLE
26 Osiers Road
GB-London, SW 18 1NH
www.osborneandlittle.com
Stoffe, Tapeten (weitere Filialen
in London)

PIERRE FREY
Franz-Joseph-Straße 15–17
D-80801 München
Tel.: 089-3838640

SIGNATURE PRINTS
www.signatureprints.com.au
Hochwertige Textilien und
Tapeten

STOFFKONTOR
Kaufmannshaus
20354 Hamburg
D-20354 Hamburg
Tel.: 040-3480606
www.stoffkontor-hamburg.de
Stoffe, Decken

STUDIO TORD BOONTJE
La Cour
Route de Graix
F-42220 Bourg-Argental
Tel.: 0033-477-396604
www.tordboontje.com
Leuchten, Stoffe

TIMOROUS BEASTIES
384 Great Western Road
GB-Glasgow, G4 9HT
Tel.: 0044-0141-3372622
www.timorousbeasties.co.uk
Zeitgemäße Wiederauflage
barocker und anderer historischer Tapeten

WHITE FACTORY
Postfach 86 08 67
D-81635 München
Tel.: 01805-005736
www.whitefactory.de
Bett-, Tisch- und Badwäsche

Bodenbeläge

ARNDT EUROPEAN RUG ART
Deermannstraße 20
D-48163 Münster
Tel.: 02501-985000
www.european-rug.com

FLAGSTONE
Goethestraße 81
D-10623 Berlin
Tel.: 030-69041335

Zippelhaus 2
D-20457 Hamburg
Tel.: 040-30399898

Innere Wiener Straße 11
D-81667 München
Tel.: 089-48953882
www.flagstone.de
Naturstein, Terrakotta, Mosaik

HIVE
Tel.: 0044-020-7261-9791
www.hivespace.com
Teppiche

JAB ANSTOETZ TEPPICHE
Postfach 70 67
D-32030 Herford-Elverdissen
www.jab.de

JUNCKERS PARKETT GMBH
Heinrichstraße 169
D-40239 Düsseldorf
www.junckers.de
Massive Holzböden

Beleuchtung

ARC LIGHTING
Tel.: 0044-1983-523399
www.arclighting.com
Beleuchtete Glasböden und
-wände

ARTEMIDE
Hans-Böckler-Straße 2
D-58730 Fröndenberg
Tel.: 02373-9750
www.artemide.de

BACCARAT
über Erika Helmuth PR
Marienterrasse 4
D-22085 Hamburg
Tel.: 040-2206665
www.baccarat.fr
Kronleuchter und andere Luxus-
Leuchten

FLOS
Elisabeth-Selbert-Straße 4a
D-40764 Langenfeld
Tel.: 02173-109370
www.flos.com

FONTANA ARTE
Alzaia Trieste 49
I-20094 Corsico
Tel.: 0039-0245121
www.fontanaarte.it

HARO PARKETT
über Hamberger Industriewerke
Rohrdorfer Straße 133
D-83071 Stephanskirchen
Tel.: 08031-700-0
www.hamberger.de

INGO MAURER
Kaiserstraße 47
D-80801 München
Tel.: 089-3816060
www.ingo-maurer.net

SWAROVSKI
Feldkreuzstraße 3
A-6063 Rum bei Innsbruck
Tel.: 0043-512-33488

Hüttenstraße 22
D-87600 Kaufbeuren
www.swarovski.com
Maßgeschneiderte Kronleuchter
und Wohnaccessoires aus
Kristall

VIKTOR HEIT LICHT
Linienstraße 110
D-10115 Berlin
Tel.: 030-2818768

Möbel

ABOVO
Rumfordstrasse 8
D-80469 München
Tel.: 089-23236090
www.abovohome.com
Shaker-Möbel und trendige
Wohnaccessoires

B&B ITALIA
Hohenzollernring 74
D-50672 Köln
Tel.: 0221-1207290
www.bebitalia.it

BÖHMLER EINRICHTUNGSHAUS
Tal 11
D-80331 München
Tel.: 089-21360
www.boehmler.de

CAR SELBSTBAUMÖBEL
Gutenbergstraße 9a
D-24558 Henstedt-Ulzburg
Tel.: 04193-75550
www.car-moebel.de
Möbel zum Selbstaufbau für alle
Wohnbereiche

CASA MÖBEL
Leopoldstraße 121
D-80804 München
Tel.: 089-3604830
www.casamoebel.de
Designermöbel und -leuchten

CASSINA
Via Busnelli 1
I-20036 Meda
Tel.: 0039-0362-3721
www.cassina.it

CLASSICON
Sigmund-Riefler-Bogen 3
D-81829 München
Tel.: 089-748133-0

Deutz-Mülheimer-Straße 22a
D-50679 Köln
Tel.: 0221-690650
www.classicon.com
Kassiker und Designermöbel
von heute

THE CONRAN SHOP
Tel.: 0044-20-75897401
www.conran.co.uk

DOMICIL
Bäuerlinshalde 48
D-88131 Lindau
Tel.: 08382-962020
(viele Filialen in ganz
Deutschland)
www.domicil.de

DRIADE
Via Padana inferiore 12
I-29012 Fossadello di Caorso
(PC)
Tel.: 0039-05238-22360
www.driade.it

GERVASONI
Zona Industriale Udinese
I-33050 Pavia di Udine
Tel.: 0039-0432-656611
www.gervasoni1882.it
Qualitätsmöbel

HABITAT
Schadow Arkaden
Berliner Allee 15
D-40212 Düsseldorf
Tel.: 0211-86509-0

Neuer Wall 54
D-20354 Hamburg
Tel.: 040/357658-0

Große Elbstraße 254
D-22767 Hamburg
Tel.: 040-3576586-0

Kronprinzstraße 30
D-70173 Stuttgart
Tel.: 0711-22279-0
www.habitat.de
Möbel, Aufbewahrungsmöbel,
Textilien und Accessoires für
sämtliche Wohnbereiche

IKEA
Tel.: 0180-535343
www.ikea.de

INTERLÜBKE
Ringstraße 145
D-33378 Rheda-Wiedenbrück
Tel.: 05242-12-1
www.interluebke.de
Raumteiler, Schränke, Regalsys-
teme etc.

INTERNI BY INHOFER
Germanenstraße 2
D-89250 Senden/Iller
Tel.: 07307-856000
www.interni-by-inhofer.de

KNOLL INTERNATIONAL
Konrad-Adenauer-Ufer 83
D-50668 Köln
Tel: 0221-130564-50
www.knolleurope.com

LAMBERT
Konstantinstr. 303
D-41238 Mönchengladbach
Tel.: 02166-8683-0
www.lambert-home.de
Möbel, Licht, Wohntextilien

LIGNE ROSET
Postfach 12 30
D-79191 Gundelfingen
www.ligne-roset.de

MAISON
Poppenbeck 72
D-48329 Havixbeck
www.maison-collection.de

MOLTENI & C
Via Rossini 50
D-20034 Giussano
Tel.: 0039-0362-359-1
www.molteni.it

MUJI
Königsallee 60/62,
D-40212 Düsseldorf
Tel.: 0211-8606661

Kardinal Faulhaber Str. 11
D-80333 München
Tel: 089-2080397-10
Aufbewahrungs- und Wohn-
möbel, Büroartikel

OCTOPUS
Lehmweg 10 b
D-20251 Hamburg
Tel.: 040-4201100
www.octopus-versand.de
Aufbewahrung, Sitzmöbel,
Bücherwände, Betten

PANDA VERSAND
Fürther Str. 205
D-90429 Nürnberg
Tel.: 0180-58890
www.panda.de
Naturtextilien, Möbel, Acces-
soires

PORRO INDUSTRIA MOBILI
Via per Cantù, 35
I-22060 Montesolaro (CO)
Tel.: 0039-031-780237
www.porro.com

ROCHE BOBOIS
Berliner Allee 59
D-40212 Düsseldorf
0211-8632640
www.roche-bobois.com
Klassische und moderne
Einrichtung

SCHÖNBUCH
COLLECTION
Industriestraße 11
D-97631 Bad Königshofen
Tel.: 09761-3962-10
Garderoben- und Wohndesign

USM
Schärer Söhne GmbH
D-77815 Bühl
Tel.: 07223-8094-0
www.usm.com

VITRA
Charles-Eames-Straße 2
D-79576 Weil am Rhein
Tel.: 0800-22558487

Pfeilgasse 35
A-1080 Wien
Tel.: 0043-1-4057514

Klünenfeldstrasse 22
CH-4127 Birsfelden
Tel.: 0041-61-3771509
www.vitra.com

DIE WÄSCHEREI
Jarrestraße 52–58
D-22303 Hamburg
Tel.: 040-2715070
www.die-waescherei.de

WK WOHNEN
Im Gefierth 9a
D-63303 Dreieich
Tel.: 06103-391-650
Internet:www.wkwohnen.de
Systemmöbel für alle
Wohnbereiche

Küchen

ALNO
Heiligenberger Straße 47
D-88629 Pfullendorf
Tel.: 07552-210

Eitelbergerstraße 24
A-1130 Wien

Hardhofstraße 15
CH-8424 Embrach
Tel.: 0041-1-8760555
www.alno.de

ALLMILMÖ
Obere Altach 1
D-97475 Zeil am Main
09524-91-0
www.allmilmö.de

ARCLINEA
u. a. über
Künzel Küchenkonzepte
Hohenstaufenring 62
D-50674 Köln
Tel.: 0221-8017911
www.arclinea.it
Italienisches Küchendesign

A TAVOLA
Große Bleichen 36
D-20354 Hamburg
Tel.: 040-345628
Glas, Kristall, Porzellan

BULTHAUP
Aich/Werkstraße 6
D-84155 Bodenkirchen
Tel.: 01802-212534
www.bulthaup.de

DOMICIL
Bäuerlinshalde 48
D-88131 Lindau
Tel.: 08382-962020
www.domicil.de

FRANKE GMBH
Küchentechnik
Mumpferfaerstrasse 70
D-79713 Bad Säckingen
Tel.: 07761-52-0
Spülen, Armaturen, Pflege
und Abfalltrennsysteme

HAGEN GROTE
Gahlingspfad 53
D-47803 Krefeld
Tel.: 02151-607090
www.besserkochen.de
Praktische Küchenmöbel,
Weinregale, Accessoires,
Tischwäsche

HOLZWERKSTATT
ASTREIN
Am Bergwerkswald 20
D-35392 Gießen
Tel.: 0641-24961
www.astrein.com
Küchen- und Innenausbau
nach Maß

IKEA
Tel.: 0180-535343
www.ikea.de

KORNMÜLLER
Holzschachen 22
A-3351 Weistrach
Tel.: 0043-7477-42-347
www.kornmueller.at
Küchen im Landhaus-,
Öko- oder Designerstil

KÜCHEN PARTNER
Edmund-Heusinger-Str. 13
D-65307 Bad Schwalbach
Tel.: 06124-5083-0
www.kuechenpartner.ag
Stilberatung und Planung von
Einbauküchen und
Kücheneinrichtung

LEICHT KÜCHEN
Postfach 60
D-73548 Waldstetten
Tel.: 07171-402-0
www.leicht.de

LIBERTÀ
Frankenstr. 147
D-45134 Essen
Tel.: 0201-4308181
www.liberta.de
Italienische Designküchen
(Kücheninseln)

MIELE & CIE. KG
Carl-Miele-Straße 29
D-33332 Gütersloh
Tel.: 05241-89-0
www.miele.de

Mielestraße 1
A-5071 Wals bei Salzburg
Tel.: 0043-50800-0
www.miele.at

Limmatstrasse 4
CH-8957 Spreitenbach
Tel.: 0041-564172000
www.miele.ch

POGGENPOHL
Poggenpohlstr. 1
D-32051 Herford
Tel.: 05221-381-0
www.poggenpohl.de

ROLF BENZ
Haiterbacher Straße 104
D-72202 Nagold
Tel.: 07452-6010
Stühle und Esstische

SIEMATIC
D-32582 Löhne
Tel.: 05732-67-0
www.siematic.de

SIEMENS
Wittelsbacher Straße 3
D-80312 München

Siemensstraße 88–92
A-1210 Wien

Freilagerstraße 28-40
CH-8047 Zürich
www.siemens.de

SMEG
Carl-Zeiss-Ring 8-12
D-85737 Ismaning
Tel.: 089-9233480
www.smeg.de
Küchengeräte in poppigen
Farben

VILLEROY & BOCH AG
Postfach 1120
D-66688 Mettlach
Tel.: 06864-810
www.villeroy-boch.com
Das Geschirr ist in vielen
Fachgeschäften erhältlich

WHIRLPOOL
Postfach 800434
D-70503 Stuttgart
Tel.: 0711-7886-0
www.whirlpool.de
Haushaltsgroßgeräte

ZEYKO
Am Fohrenwald 1
D-78087 Mönchweiler
Tel.: 07721-9420
www.zeyko.de

Badezimmer

AGAPE
Kantstraße 149
D-10623 Berlin
Tel.: 030-36412694

Oberanger 32
D-80331 München
Tel.: 089-72637940
www.agapedesign.it
Waschtische, Badmöbel,
Accessoires

BISAZZA DEUTSCHLAND
Kantstraße 150
D-10623 Berlin
Tel.: 030-3101950
www.bisazza.com
Modernstes Mosaik nach alter
Tradition

DORNBRACHT
Köbbingser Mühle 6
D-58640 Iserlohn
Tel.: 02371-433470
www.dornbracht.com
Badeinrichtung und -design

DURAVIT
Werderstraße 36
D-78132 Hornberg
Tel.: 07833-70-0
www.duravit.de
Badmöbel und -accessoires

DUSCHOLUX
D+S Sanitärprodukte GmbH
Industriestraße 1
D-69198 Schriesheim
Tel.: 06203-102-0
www.duscholux.de
Badkonzepte, Wellness,
Zubehör

GEBERIT
Theuerbachstraße 1
D-88630 Pfullendorf
Tel.: 07552-934-01
www.geberit.de
Beratung und Planung,
Designbad
GERLOFF
Höhenweg 13
D-37269 Eschwege
Tel.: 05651-927792
www.gerloff.com
Badgestaltung mit Naturstein

GROHE
Zur Porta 9
D-32439 Porta Westfalica
Tel.: 0571-3989-333
www.grohe.de

HANSGROHE
Auestr. 5-9
D-77761 Schiltach
Tel.: 07836-51-0
www.hansgrohe.de

HÜPPE
Industriestraße 3
D-26158 Bad Zwischenahn
Tel.: 04403-67-0
www.hueppe.net

**JÖRGER ARMATUREN
UND ACCESSOIRES**
Seckenheimer Landstraße
270–280
D-68163 Mannheim
Tel.: 0621-41097-01
www.joerger.de

KALDEWEI
Beckumer Straße 33–35
D-59229 Ahlen
Tel.: 02382-785-0
www.kaldewei.com
Sanitärausstattung, Wannenver-
kleidung

KERAMIK LAUFEN AG
Wahlenstrasse 46
CH-4242 Laufen
Tel.: 0041-61-7657575
www.laufen.ch
Designerbäder

KORALLE
Hollwieser Str. 45
D-32602 Vlotho
Tel.: 05733-140
www.koralle.de
Sanitärprodukte

NEVOBAD
Agnes-Huenninger-Straße 2–4
D-36041 Fulda
Tel.: 0661-8338-0
www.nevobad.de
Sanitäreinrichtungen und
Badaccessoires

TEUCO
Industriestraße 161c
D-50999 Köln
Tel.: 02236-74780
www.teuco.de
Wellness, Sauna, Whirlpool

VILLEROY & BOCH
Postfach 1120
D-66688 Mettlach
Tel.: 06864-81-0
www.villeroy-boch.com
Badezimmerplanung und
-einrichtung

ZEHNDER
Almweg 34
D-77933 Lahr
Tel.: 01805-055860
Design-Wärmekörper

Flohmärkte

AUER DULT, MÜNCHEN
Mariahilfplatz
www.auerdult.de
Dreimal jährlich

BRICK LANE MARKET
Brick Lane, London
(U-Bahn: Liverpool Street)
Immer Sonntags: Stühle,
Tische, Küchengeräte

**DORTMUNDER TRÖDEL-
UND SAMMELMARKT**
www.westfalenhalle.de
Mehrmals im Jahr

HAMBURG UHLENHORST
www.alstermediateam.de
Mehrmals im Jahr

**PFAFFENHOFENER
NACHTFLOHMARKT**
www.flohmarkt-pfaffenhofen.de
Einmal jährlich im August

**PORTOBELLO ROAD
MARKET**
Portobello Road, London
(U-Bahn: Notting Hill)
Freitags und samstags,
Antiquitäten und Accessoires

**RHEINAUEN-FLOHMARKT,
BONN**
Freizeitpark Rheinaue
Ludwig-Erhard-Allee, Bonn
www.bonn.de (Veranstaltungs-
kalender); mehrmals im Jahr;
einer der größten Flohmärkte in
Deutschland

**THERESIENWIESEN-
FLOHMARKT, MÜNCHEN**
Einmal jährlich zum Frühlingsfest
(Ende April)

Künstlerbedarf

BOESNER
Schnackenburgallee 112
D-22525 Hamburg
www.boesner.com
Künstlerbedarf und Schreibkul-
tur, viele Filialen in Deutschland,
Österreich und der Schweiz

MODULOR
Gneisenaustr. 43-45
D-10961 Berlin
Tel.: 030-69036-0
www.modulor.de
Büromöbel, Arbeitsplatten,
Werkzeug, Papier

Baumärkte

BAUHAUS
Tel.: 0800-3905000
www.bauhaus.info

HORNBACH
Tel.: 0800-1101220
www.hornbach.de

OBI
Tel.: 1805-624624
www.obi.de

PRAKTIKER
0800-1222122
www.praktiker.de

Register

A
Acetat 111, 146
Acrylglas 7, 43, 45
Angora 105
Arbeitsplanung 142
Arbeitsräume, Beleuchtung 151
Aufhängung (Fensterdekoration)
110, 111, 122, 147

B
Badewannen 48, 54, 152
Badezimmer
Beleuchtung 152
farbiges Glas 43, 54
große Muster 70
Tapete 75
Bänder 75, 110, 146
Batist 146
Baumwolle 75, 99, 104, 106,
146
ägyptische 104, 106
Baumwollsatin 146
Beleuchtung 120–125, 129,
150–152
Beleuchtungskonzept ent-
wickeln 151
Beleuchtung von hinten 45,
138
dekorative Leuchten 125
Designerleuchten 118–119
Energie sparen 152
farbiges Licht 46–51
gestreutes Licht 108, 110
Hilfe vom Fachmann 150
Infrastruktur 150–151
Lichtpunkte 122
natürliches Licht 96
praktische Überlegungen 151–
152
Sicherheit 152
Türoberlichter 43
verschiedene Lichtquellen 150
Wie viele Lampen brauchen
Sie? 150
Wie viel Licht brauchen Sie?
150
Bell, Vanessa 85
Bereiche mit offenem Grundriss
72, 76, 148
Beton 32, 84
Betten 104–106
Bettgestelle 11
Betthaupt 105, 106
Bettwäsche 11, 96, 104, 105,
106, 138
Bey, Jürgen 125
Blattgold-Finish 26, 28
Blattsilber-Finish 26, 28
Blenden 45, 46
Digitaldrucke 138
farbige 45

Bodenbeläge
Ausmessen und Mengen
berechnen 148
einfarbig 106
Farbe 32
Fliesen 32, 48
Fliesen aus weichem Material
verlegen 149
Hartholz 11
helles Holz 14
Materialien 112–115
Teppich verlegen 148
vorhandene Holzfußböden
148–149
Bodendielen
gebeizte 20, 24
lackierte 112
Broadhurst, Florence 61, 153,
154
Brokat 24, 59, 99, 110, 146

C
Chaiselongues 138
Chenille 99, 154
Chintz 146
Cole & Son 11, 59, 153, 154

D
Damast 59, 75, 99, 146
Day, Robin 131
Decken streichen 144
Delaunay, Sonia 85
Digitaldrucke 137–138
Dimmer 50, 150, 151, 152
Dixon, Tom 125
Drell 146
Droog Design 125
Dufy, Raoul 85
Dupion 146
Durchscheinende Materialien
110, 111
Duschkabinen 48

E
Eames, Charles und Ray 119,
126
Einbauschränke 45
Energie sparen 152
Erker 31, 48, 147
Essbereich, Beleuchtung 122,
151
Esstische 129, 151

F
Farbe (Anstrich)
Dispersionsfarbe 144
Farbe wählen 32

Farbflächen 22, 30, 31, 45
Farbkarte 15, 32
Farbtypen 144
Fußbodenfarbe 32, 149
Metallic-Farben 26, 28
Pigment 32, 70, 75, 144
Probierdöschen 32
Farbe
Akzent oder Hintergrund 17
bunte Muster 34–39
dunkle Farben 24, 106
Farbflächen 30–33
Komplementärfarben 19
kräftige Farben 14, 26, 63,
144
kühle Farben 17, 96
mit Durchblick 40–45
neutrale Töne 22
Proben 19, 32
sanfte Farben 15
Stoffmuster 19, 59
warme Farben 17, 96
zurückhaltende Farbpalette
14, 54
Farbgel 45, 46
Farbige Wandfluter 48
Farbiges Licht 46–51
Farb-Pfade 48
Farbstimmungen 50
farbige Leuchtstoffröhren 46
farbige Wandfluter 48
in Farbe baden 48
Leuchtdioden 46, 48, 122,
150
Farbkombinationen 18–29
dunkle Farben 24–25
leuchtende Farben 22–23
Metallic-Farben 26–29
Naturfarben 20–21
Farbkreis 19
Farbrollen 144
Fenster 43, 45, 108
Ausmessen 147
Dekoration 45, 96, 110–111
Fiberglas 122
Filz 93
Fliesen 48, 75, 84
aus weichem Material verlegen
149
Boden 32, 48, 75, 112
digitale Übertragung 137
mit Korkuntergrund 75
Florale Muster
Blütenzweige mit Leucht-
dioden 122
Stoffe 105, 106
Tapete 62–63
Florence, Linda 75
Flure 31, 70, 115, 151
Folien 26, 70, 111, 143
Fototapeten 80–81
Fries 79

G
Geometrische Formen 35, 37,
43, 78, 91, 96, 105, 115
Geschirrtücher 96
Gingham 146
Glas 84
Bleiverglasungen 41, 43
farbiges 43
Grafische Muster
Stoff 88–89
Tapete 66–67
Granit 24
Grant, Duncan 85
Gras 75

H
Habitat 131, 153, 156
Häkelarbeiten 94
Handarbeit 93
Handvergoldung 75
Holz, poliertes 84
Hulanicki, Barbara 59, 61
Hussen 99

I/J
Isola, Maija 89, 153
»Jack light« (Tom Dixon) 125
Jacobsen, Arne 126
Jacquard 99, 146
Jalousien 110
Juicy Couture 59
Jute 75

K
Kaltkathoden 46
Kaminfassung 31
Kaschmir 105
Kautschuk 32, 84, 112, 149
Kelly, Rachel 75, 154, 155
Kendall, Tracy 70
Kishimoto, Eley 59
Kissen 22, 94, 99, 100, 105,
106, 138
Bezüge 17, 88, 96, 101, 105,
106
Kissenbezug nähen 146–147
Kronleuchter 7, 122, 125
Küchen
Beleuchtung 151
Einbauelemente 11, 54
Farbe 30, 52, 54
Schmuckfronten 54
Tapete 75
Tresen 35, 36, 84
Kühlschränke 52, 54
Kunststoff 93, 131

L

»Lace Cube« (McCollin Bryan) 125
Laminat 36, 137
Läufer 112, 115, 148
Leder 93, 99
Leinen 75, 99, 104, 106, 146
Leuchtdioden 7, 46, 48, 122
Leuchtstoffröhren, farbige 46
Lichterketten 122, 152
»Lightshade Shade« (Jürgen Bey und Droog Design) 125
Lightshow 48, 125
Linoleum 32, 112
»Long-Flower«-Tapete (Rachel Kelly) 75

M

Marimekko 89, 153, 154
McCartney, Stella 59
McCollin Bryan 125
MDF (mitteldichte Holzfaser-platte) 54
Melamin 36, 54
Metallaktenschränke 28
Metallic-Oberflächen 26–29, 67
Möbel
  kräftige Farben 22
  Metallic-Farben 26
  modern 130, 131
  Polstermöbel 96, 99, 105, 106, 138
  Vintage-Möbel 126, 129
Moderne, klassische 7, 8, 58
Monochrome Muster
  Stoff 90–91
  Tapete 64–65
Moquette 99
»Morphic Damask«-Tapete (Linda Florence) 75
Morris, William 68
Musselin 146

N/O

Nähen 95, 96, 99, 105, 146, 147
Neon 46
Nischen 31, 48, 72, 75
Organdy 146

P

Paisley-Muster »Rajapur« 11
Panton, Verner 119, 126
Papier, Digitaldruck auf 137
Parapan 54
Pigmenttinte 70, 75
Plaid 105
Plexiglas 43, 45, 46
Polsterbezug 96, 99, 102
Polstermöbel 96, 99, 105, 106, 138

Polsterstoff 78, 89, 99, 138, 146
Polyester 146
Polypropylen 131
Porzellan, gemustertes 119
Praxis 140–152
  Arbeitsplanung 142
  Beleuchtung 150–152
  Fußböden 148–149
  Stoff und Innendekoration 146–147
  Tapezieren 145
  Untergrund vorbereiten 143
  Wände und Decken streichen 144
Psychedelisches Dekor 67, 70
Punktmuster 39

R

Rattan 20, 75
Raumteiler 43, 72, 75, 138
Retro 14, 20, 24, 36, 67, 102, 109, 126
Rollos 35, 108, 110, 146, 147
  Raffrollos 138, 147
Rundstab (Vorhangbefestigung) 147
Rupfen 75

S

Saarinen, Eero 126
Sammeln 130, 134
Sammlerstücke 126–131
Samt 99, 110, 146
Satin 104, 105, 146
Schallisolierung 75, 115
Schiefer 24
Schlafzimmer
  Beleuchtung 122, 152
  Stoff 104–107
  Teppich 115
Schlaufen (Vorhangbefestigung) 110
Segeltuch 146
Seide 96, 104, 105, 111, 146
  Moiré 146
Sessel
  neu beziehen 102, 103, 138
  mit Hussen 99
  mit Polsterstoff 95, 96, 99, 103
Sisal 75
Smith, Paul 11, 59
Sockelleiste 79, 143
Sofa 96, 99, 101, 102, 103
Spiegel 26, 134, 151, 152
Spitze 84, 93, 110, 146
Spritzschutz 36
Stahl 84
Stein 54, 84
Steppdecken 105
Stoff 82–115
  als Fensterdekoration 110–111

bestickter 96, 105
harmonische Muster 96
Komfort 99–103
Material 99
Muster 86–93, 99
Mustermix 94–97
Polsterstoffe 99
Qualität 115
als Schalldämpfer 84–85
Schlafzimmer 104–107
Stoffmuster 86–93
  barock 86–87
  erhaben 92–93
  monochrom 90–91
  natürlich 88–89
Stoff verarbeiten
  Fenster und Rollos 147
  Kissenbezug nähen 146–147
  Stoffarten 146
Streifen 35, 36, 37
Strickarbeiten 84, 93, 95, 96
Stilikonen 116–139
  Beleuchtung 120–25
  Druckdesign 137
  Einzelstücke 132–139
  Präsentation 134
  Sammlerstücke 126–131
Stuck 79, 142
Stühle 99, 138
  Esszimmer 129
  Küche 11
  Polypropylen 131
Symmetrische Dessins 68, 96

T

Taft 146
Tagesdecken 96, 105
Tapete 56–81
  ablösen 143
  Art-house 75
  beschichtete 67, 70, 75
  Dynamik 67, 78
  Folien 26, 70, 75
  Fototapeten 80–81
  handgedruckte 75, 145
  und Mode 59, 61
  Prägedruck 75
  Raufaser 75
  Revival 58
  Toile de Jouy 7, 87
  Vinyltapete 75, 142
Tapetenleiste 79
Tapetenmuster 60–67
  grafisch 66–67
  floral 62–63
  monochrom 64–65
  nostalgisch 60–61
Teppiche 22, 32, 84, 101, 112, 115
  Teppichboden verlegen 148
Timorous Beasties 87
Tischdecken 96
Toile-de-Jouy 7, 87
Treppen 115, 151
Treppenhaus 122

Trompe l'œil 80
Türen 43, 54
Tweed 99

V

Velours
  -gewebe 93, 96, 115
  -leder 99
  -tapete 70, 75
Vinyl
  -boden 32, 112
  -fliesen 75, 149
  -tapete 75, 142
Viskose 146
Voile 146
Volants 110
Vorhänge
  gefütterte 147
  Länge 110
  Vorhangschienen und -stangen 110, 147
  Stores 110

W

Wandbehang 138
Wandgestaltung
  Anstrich 144
  Blattgold/-silber 28
  Farbflächen 31–32
  geometrische Motive 35
  Kork 75
  Metallictöne 26
  Muster 96
  Stoffbespannung 75
  Tapete 75, 145
  Vorbereitung 143
Weißwaren 52
Williamson, Matthew 59, 61

160

Fotonachweis

Der Verlag dankt folgenden Fotografen, Agenturen und Firmen für die freundliche Reproduktionsgenehmigung:
2–3 v.l.n.r. Habitat, Romo, Rachel Kelly/Interactive Wallpaper, Habitat, Anne Kyyro Quinn, Vintage-Stoff, Marimekko, Vintage-Stoff; 4 Timorous Beasties; 6 Polly Wreford/Narratives; 8–9 Beth Evans (Interior Design: Gerardine & Wayne Hemingway, Hemingway Design); 10 Ray Main/Mainstream Images (Echo Design); 12–13 Beth Evans (Interior Design: Gerardine & Wayne Hemingway, Hemingway Design); 16 Luke White/Interior Archive (Architekt: Sanei Hopkins); 17 Tom Leighton/Livingetc/IPC Syndication; 18–19 Tim Evan Cook/Red Cover; 21 Winfried Heinze/Red Cover; 23 Wilfried Overwater/Taverne Agency (Stylist: Rosa Lisa); 25 Beth Evans (Eigentümer: Nikki Tibbles, Wild at Heart Interiors); 27 Verity Welstead/Livingetc/IPC Syndication; 28 Jake Curtis/Livingetc/IPC Syndication; 29 Luke White/Interior Archive (Designer: Julian Meath Baker); 30–31 Vincent Leroux/Marie Claire Maison (Stylist: Catherine Ardouin, Architekt: Carl Frederic Svensted); 32 links Per Gunnarsson (Interior Designer: Lena Widenfelt); 32 Mitte Gaelle Le Boulicaut (Designer: Prisque Salvi); 32 rechts Pia Ulin (Stylist: Cilla Ramnek); 33 Hufton & Crow/View (Architekt: ACQ Architects); 34 Catarina Costa Cabral (Stylist: Pedro d'Orey, Interior Design: Mónica Penaguião); 36 mit freundlicher Genehmigung Scin Ltd; 37 links Gaelle Le Boulicaut (Interior Designer: Nicolas Robert); 37 rechts Dexter Hodges/ Medita (Architekt: Julia Schulz-Dornburg); 38 Ray Main/ Mainstream Images; 39 Mark Luscombe-Whyte/Interior Archive (Designer: Eric Gizard Ass.); 40 Bill Smith/Livingetc/IPC Syndication; 41 Mark Luscombe-Whyte/Interior Archive (Designer: Pip Isherwood); 42 Vercruysse & Dujardin (Stylist: Kat de Baerdemaeker); 44 Mark Luscombe-Whyte/Interior Archive (Designer: Eric Gizzard Ass.); 45 Graham Atkins Hughes/Red Cover; 46 Jefferson Smith/ Arcblue (Architekten: Tonkin Liu Ltd); 47 Ray Main/Mainstream Images; 48 Darren Chung/Mainstream Images (Ice Cube Design); 49 Rachael Smith; 50 Mel Yates; 51 Jake Fitzjones (Möbeldesigner: Lucho Brieva); 52 links Jake Curtis/Livingetc/IPC Syndication; 52 rechts oben Lucinda Symons/Idea Home/IPC Syndication; 52 rechts unten Jake Fitzjones (Fourneaux de France); 53 Jan Baldwin/ Homes & Gardens/IPC Syndication; 54 Christian Sarramon/Zapa Images; 55 Simon Whitmore/Livingetc/IPC Syndication; 56–57 Edina van der Wyck/Interior Archive (Designer: Marion Cotterrill); 69 Gaelle Le Boulicaut (Interior Designer: Jason Mclean, Tapete: Eley Kishimoto); 70 links Reto Guntli/Zapa Images; 70 rechts Holly Jolliffe; 71 Jefferson Smith (Tapete: Timorous Beasties); 73 Catherine Gratwicke/ Livingetc/IPC Syndication; 74 Gaelle Le Boulicaut (Architekt: Jake Dowse, Interior Designer: Luc Dowse); 76 Ray Main/ Mainstream Images (Jocelyn Warner Design); 77 Jason Loucas/GB Productions (Interior Designer: Greg Natale); 78 James Mitchell/Red Cover; 79 Sophie Munro/Red Cover; 80 Tim Evan-Cook/ Red Cover (Architekt: Sarah Featherstone, Featherstone Associates); 81 Ray Main/ Mainstream Images (Designer: Jo Warman); 82–83 Adrian Briscoe/ Livingetc/IPC Syndication; 94 Vincent Leroux/ Temps Machine/ Marie Claire Maison (Stylist: Catherine Ardouin); 95 Alun Callender/ Red Cover (Dekoration: Petra Boase); 97 Jason Loucas/ GB Productions (Interior Designer: Greg Natale); 98 Visi/Camera Press; 100–101 Beth Evans (Eigentümer: Nikki Tibbles, Wild at Heart Interiors); 102 Stephen Perry/Livingetc/IPC Syndication; 103 James Merrell/Homes & Gardens/IPC Syndication; 104 Juan Hitters/Surpressagencia (Stylist: Mariana Rapoport, Architekt: Mishal Katz & Sebastián Fernández); 105 oben Verity Welstead/Livingetc/ IPC Syndication; 105 unten Stephen Perry/Livingetc/IPC Syndication; 106 Jake Fitzjones (Interior Designer: Rachel Harding); 107 Jason Loucas/GB Productions (Interior Designer: Greg Natale); 108 Jefferson Smith (Textilien: Timorous Beasties); 109 Graham Atkins Hughes/Red Cover; 110 links Jake Curtis/Livingetc/IPC Syndication; 110 rechts mit freundlicher Genehmigung Eclectics; 111 oben Emma Jeffs; 111 unten Catherine Gratwicke/Livingetc/IPC Syndication; 112 links Richard Powers (Interior Designer: Greg Natale); 112 rechts Dan Duchars/Red Cover; 113 Renee Frinking/Sanoma; 114 Ray Main/Mainstream Images (Designer: Missoni); 115 Daniela Mac Adden/Surpressagencia (Stylist: Mariana Rapoport, Architekt: Saban-Grin); 116–117 Fabienne Delafraye/Maison Madame Figaro/ Camera Press; 120 Francis Amiand/Maison Francaise/Camera Press; 121 links Tim Evan-Cook/Red Cover; 121 rechts Bridget Peirson/Homes & Gardens/IPC Syndication; 122 Tom Leighton /Livingetc/IPC Syndication; 123 Lisbett Wedendahl/House of Pictures; 124 Fabienne Delafraye/Maison Madame Figaro/Camera Press; 125 oben mit freundlicher Genehmigung McCollin Bryan; 125 unten mit freundlicher Genehmigung Studio Jurgen Bey für Moooi; 127 Ray Main/Mainstream Images (Designer: Andrew Weaving); 128 A/Baralhe/Photozest; 129 links Dave Young; 129 rechts, 130 Holly Jolliffe; 131 Beth Evans (Eigentümer: Nikki Tibbles, Wild at Heart Interiors); 132 Hotze Eisma/Taverne Agency (Stylist: Reineke Groters); 133 links Philippe Kress/House of Pictures; 133 rechts Sofie Helsted/House of Pictures; 134 oben S. Clement/Photozest; 134 unten Catherine Gratwicke/Livingetc/IPC Syndication; 135 Louis Lemaire/Sanoma; 136 Tom Leighton/Livingetc/IPC Syndication; 137 Xavier Béjot/Tripod Agency; 138 mit freundlicher Genehmigung Cloth UK; 139 Happyliving.dk/House of Pictures; 140–141 Wilfried Overwater/Taverne Agency (Stylist: Rosa Lisa)
Der Verlag hat sich bemüht, alle Rechteinhaber zu ermitteln. Sollten weitere Rechtsansprüche bestehen, bittet der Verlag um Mitteilung.